辽宁省教育厅高校学术专著出版基金资助

ZHONGGUO WAIHUI CHUBEI
GUANLI XIAOYI TISHENG CELÜE YANJIU

中国外汇储备管理效益提升策略研究

孔立平◎著

北京师范大学出版集团
BEIJING NORMAL UNIVERSITY PUBLISHING GROUP
北京师范大学出版社

图书在版编目(CIP)数据

中国外汇储备管理效益提升策略研究／孔立平著.—北京：北京师范大学出版社，2012.3
ISBN 978-7-303-14062-6

Ⅰ.①中…　Ⅱ.①孔…　Ⅲ.①外汇储备－外汇管理－研究－中国　Ⅳ.①F832.6

中国版本图书馆CIP数据核字（2012）第018219号

营销中心电话　010-58802181 58805532
北师大出版社高等教育分社网　http://gaojiao.bnup.com.cn
电子信箱　beishida168@126.com

出版发行：北京师范大学出版社 www.bnup.com.cn
北京新街口外大街19号
邮政编码：100875
印　　刷：北京京师印务有限公司
经　　销：全国新华书店
开　　本：170 mm × 230 mm
印　　张：11
字　　数：220千字
版　　次：2012年3月第1版
印　　次：2012年3月第1次印刷
定　　价：28.00元

策划编辑：韦燕春　高　玲　　责任编辑：高　玲
美术编辑：毛　佳　　装帧设计：毛　佳
责任校对：李　菡　　责任印制：李　啸

内容简介

后金融危机时代，中国外汇储备面临规模巨大、币种形式单一、资产运用效益低下、经营管理体系不完善等难题。为了提升中国外汇储备管理效益，需要同时达到外汇储备规模的适度化、币种结构的合理化、资产运用的高效化和管理体系建设的科学化四个目标。本书对提高我国外汇储备管理效益的前提条件、具体的实现途径和保障制度进行了系统研究，构建了适合我国国情的外汇储备需求模型，对外汇储备币种结构和资产结构进行了优化配置，并对外汇储备管理体系的改革提出了建议，以期通过上述研究达到提升我国外汇储备管理效益的目的。本书适合高等院校、研究机构及政府政策研究部门参考。

前　言

外汇储备是一国货币当局持有的可以用于对外支付的货币及其金融资产。它是一国对外经济交往的结果，也是一国经济实力的体现。自1994年我国进行了外汇管理体制改革以来，我国外贸和引用外资的制度环境改善极大，外汇储备迅速增长。截至2011年6月末，国家外汇储备余额为31 974.91亿美元，居世界第一位。面对如此庞大的外汇储备，为了保持我国经济稳定、持续地发展，需要进一步提升我国外汇储备的管理效益，确定外汇储备的适度规模、加强外汇储备的结构管理以及完善外汇储备经营管理体系。尤其是目前我国外汇储备存在规模巨大、币种形式单一、储备资产运用效益低下以及经营管理体系不完善等问题，加强外汇储备经营管理，提高外汇储备的管理效益，就成为我国当前一项迫切需要解决的重要研究课题。

本书就是以我国外汇储备管理效益提升策略为主题，从外汇储备的规模、结构和管理体系建设三大方面入手，对我国外汇储备管理效益问题进行深入研究。本书认为，只有同时达到外汇储备规模的适度化、外汇储备币种结构的合理化、外汇储备资产运用的高效化和外汇储备管理体系建设的科学化四个目标，才能实现外汇储备管理效益的提升。其中，外汇储备规模适度是实现外汇储备管理效益提升的前提条件；外汇储备币种结构合理和外汇储备资产运用的高效是实现外汇储备管理效益提升的两条重要途径；外汇储备管理体系建设科学化是实现外汇储备管理效益提升的保障。

本书具体章节的内容安排如下。

第1章是绪论部分。介绍了本书研究的时代背景及现实意义；全面阐述了当前国内外有关外汇储备的适度规模、币种结构、资产结构和管理体系的研究现状；介绍了本书主要研究内容以及基本框架、拟采用的研究方法和本书的主要贡献。

第 2 章是中国外汇储备规模现状及其对宏观经济的影响。首先回顾了1982 年以来我国外汇储备规模发展变化的历程；其次深入分析了我国巨额外汇储备形成的直接原因、制度原因、宏观经济根源和外部原因；最后是本章的重点，对巨额外汇储备的经济影响进行了论述。外汇储备的增加导致外汇占款形成的基础货币投放的增加，通过货币乘数的作用导致货币供应量的成倍增加，最终会促成通货膨胀率的提高；巨额外汇储备使中央银行货币政策的灵活性越来越低，从而制约了宏观金融调控效果；巨额外汇储备还增加了持有储备的成本，包括机会成本、借入储备的利息支付成本以及为减少储备增长带来基础货币的扩张而产生的冲销成本等。因此结合中国的具体国情确定出一个适度的储备规模成为一个亟待解决的问题。

第 3 章是外汇储备管理效益提升的前提——外汇储备适度规模研究。外汇储备规模适度是实现外汇储备管理效益提高的前提条件。要想提高外汇储备管理效益，首要问题就是确定适度的储备规模，对适度储备部分和超额储备部分依不同的原则、分机构进行管理。本章首先对外汇储备适度性的含义、我国外汇储备适度规模的决定基础进行了界定；其次，阐述了外汇储备规模适度的意义；最后，运用比例分析法、成本收益分析法和因素分析法对我国外汇储备适度规模进行实证分析。在运用因素分析法测算我国适度的外汇储备规模时，在借鉴凯恩斯把货币需求分为交易性需求、预防性需求和盈利性需求(或称为投机性动机)三个方面基础上，本书增加了对外汇储备的保证性需求，并充分考虑了影响外汇储备需求的各方面因素，来构建适合我国的外汇储备适度规模模型，并进行实证检验测算我国外汇储备适度规模的具体区间。

第 4 章是外汇储备管理效益提升的途径之一——外汇储备币种结构研究。外汇储备币种结构合理是实现外汇储备管理效益提高的重要途径之一。外汇储备币种管理就是要求货币管理部门一方面要努力保持多元化的货币储备，以降低汇率波动风险；另一方面，根据一国贸易结构、外债结构和汇率制度安排等，选择储备货币的币种及确定各种货币在储备中的比例。本章首先对国内外外汇储备币种结构的现状进行介绍。当今世界外汇储备的货币结构特点是以美元为主，其他经济发达国家的强势货币并存的多元化格局；我国的外汇储备货币结构也存在过于单一的问题，美元占了其中绝大部分，而其他储备币种比重过低。因此如何选择和调整我国外汇储备的币种结构成为亟待解决的问题。其次，依据经济实力原则、币值稳定原则和交易匹配原则，对我国当前外汇储备币种选择进行了分析，提出我国外汇储备币种应选择美元、欧元、日元、英镑为宜。最后，以马柯维茨的资产组合理论为基础，同时结合海勒-奈特模型和杜利模型，在考虑外汇储备风险和收益的同时，综合考虑我国的贸易结构、外债结构、外商直接投资来源结构和汇率制度对我国外汇储备进行最优币种结构配置，计算出较为合理的储备货币币种构成。

第 5 章是外汇储备管理效益提升的途径之二——外汇储备资产结构研究。外汇储备资产运用的高效化是实现外汇储备管理效益提高的又一重要途径。外汇储备资产结构管理就是通过货币资产、证券资产、金融衍生品资产、实物资产的优化配置，实现外汇储备的系统优化，保持流动性、安全性和收益性的动态有效平衡。本章首先介绍了中国外汇储备资产结构的现状，即以美国债券为主，并分析了这种资产配置方式形成的原因，以及从长期来看存在的各种风险。其次介绍了各国中央银行在国际储备资产管理中出现的一些新的趋势。最后重点从金融资产和非金融资产两个角度对中国外汇储备的资产组合管理进行了分析。对于金融类资产组合的优化配置，要针对不同需求动机建立不同投资组合。具体针对美元储备资产的配置，提出了要减少对美国国债的增持，对存量美元资产要在结构和期限上进行调整的建议。在保留必要金融类资产外汇储备规模的同时，要发挥其维持宏观经济稳定和创造较高收益的最大效应。可以考虑将外汇储备向三个非金融类资产方向转型：一是将部分外汇储备转化为黄金储备；二是将部分外汇储备转化为战略物资储备；三是将部分外汇储备转化为能够刺激经济增长的发展性储备。提出了外汇储备资产投资多元化的建议。

第 6 章是外汇储备管理效益提升的保障——外汇储备管理体系改革研究。外汇储备管理效益的提高，除了规模适度结构合理外，还需要高效的外汇储备管理体系。外汇储备管理体系建设的科学合理是实现外汇储备管理效益提高的保障。我国外汇储备管理是一个随时间的变化而不断变化的过程。首先介绍了从新中国成立以来我国的外汇储备管理经历的三个阶段：高度集中控制阶段、向市场化过渡阶段和市场化的深入阶段。其次介绍和比较了世界上一些主要的经济体如美国、欧元区经济体、日本、韩国、新加坡等国家和地区所采取的外汇储备管理体系，试图从中得到一些启示，从而探求我国新形势下的储备管理体系的新模式。最后围绕主权财富基金的形成与发展、国际社会对主权财富基金的态度，对目前中投公司在运作模式、透明度、投资策略、投资方向和与外管局的关系等方面的问题进行了分析并提出了相应的解决建议，以期进一步提高外汇储备积极管理的效益。

第 7 章是结论和展望部分。总结了全书的主要观点，对今后继续研究的问题做了展望。

综上，本书以理论分析为基础，运用实证与规范相结合、定性与定量相结合、归纳与演绎相结合以及对比分析的方法，对我国外汇储备的规模、结构以及管理体系问题进行了系统分析。在借鉴西方理论的同时，结合我国实际情况，建立了一套适合我国国情的理论体系。完善了适度规模模型，合理分配了各种储备货币所占的比例，优化了外汇储备资产结构配置，提出了外汇储备管理体系的改革方案，最终目的是提高我国外汇储备的管理效益，使我国的外汇储备能适时、恰当地成为促进我国经济健康、快速发展的因素。

目录

第 1 章 绪 论

1.1 选题背景及研究意义

外汇储备是一国货币当局持有的可以用于对外支付的货币及其金融资产。它是一国对外经济交往的结果，也是一国经济实力的体现。外汇储备管理是国民经济宏观管理不可分割的组成部分，是一项庞大的系统工程。一国外汇储备规模适度、结构合理、管理科学，是其弥补国际收支逆差、维持对外支付能力、干预外汇市场维持汇率稳定的前提条件，也是其对外借债和偿还外债的信用保证。

传统上的外汇储备管理是指一国政府或货币管理当局对外汇储备的规模和结构两方面进行的管理。但在外汇储备体系多元化不断发展和各国外汇储备不断增加这一背景下，外汇储备管理日益复杂并存在巨大的储备机会成本，这就需要制定一个合理高效的外汇储备管理体系，以适应这种复杂化的局面，提高外汇储备的管理效益。所以，本书认为外汇储备管理应该涉及规模管理、结构管理和外汇储备管理体系建设三个大的方面。而只有同时达到外汇储备规模的适度化、外汇储备币种结构的合理化、外汇储备资产运用的高效化和外汇储备管理体系建设的科学化四个目标，才能实现外汇储备管理效益的提高。

1.1.1 世界范围内外汇储备管理的现状

近年来，各国中央银行储备资产的增长速度异常迅猛。从外汇储备增长走势来看，根据 IMF 官方公布的 COFER 数据显示，1998 年之前全球外汇储备总体规模一直维持在 1.6 万亿美元左右。1999—2007 年，全球外汇储备资产由 1.7 万亿美元增至 6.4 万亿美元，增长了 276%。外汇储备资产的增速远远快于全球实体经济与国际贸易的增长速度。其中发展中国家的外汇储备总额和增长速度从1999年以来一直都大于工业化国家的储备总额和增长速度(见表1-1和图1-1)。

地域集中度高是全球外汇储备增长的显著特征。2007年亚洲地区外汇储备资产占全球外汇储备资产的比重高达63%。最新统计数据显示(见图1-2),截至2008年年底,中国、日本、中国香港地区、印度、新加坡、韩国和中国台湾地区的中央银行均已跻身世界十大外汇储备持有者之列。截至2008年12月末,我国外汇储备余额高达19 460亿美元,比东北亚其他国家和地区外汇储备的总和还多,同时也超过了世界主要7大工业国的总和。

表1-1　全球外汇储备资产规模扩张趋势图　　单位:十亿美元

年份	储备总额	工业化国家	发展中国家
1999	1 713	700	1 014
2000	1 937	786	1 150
2001	2 050	793	1 257
2002	2 408	910	1 498
2003	3 025	1 127	1 898
2004	3 748	1 325	2 423
2005	4 175	1 302	2 873
2006	5 037	1 404	3 633
2007	6 398	1 501	4 896
2008	6 894	1 501	5 393

数据来源:IMF官方公布的COFER(http://www.imf.org/external/np/sta/cofer/eng/index.htm)。

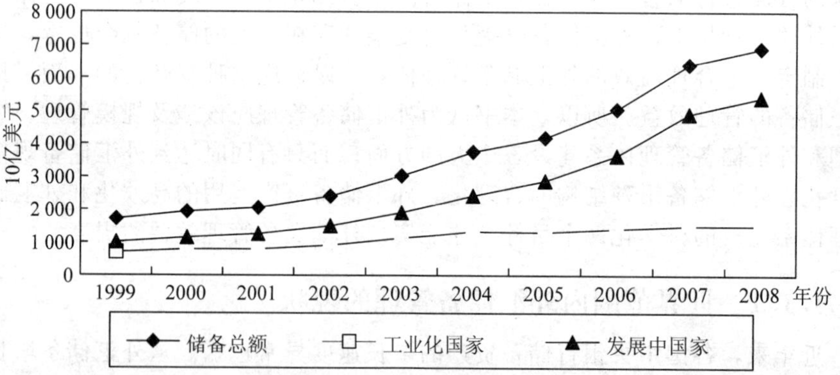

图1-1　全球、工业化国家以及发展中国家外汇储备增长趋势图

数据来源:IMF官方公布的COFER(http://www.imf.org/external/np/sta/cofer/eng/index.htm)。

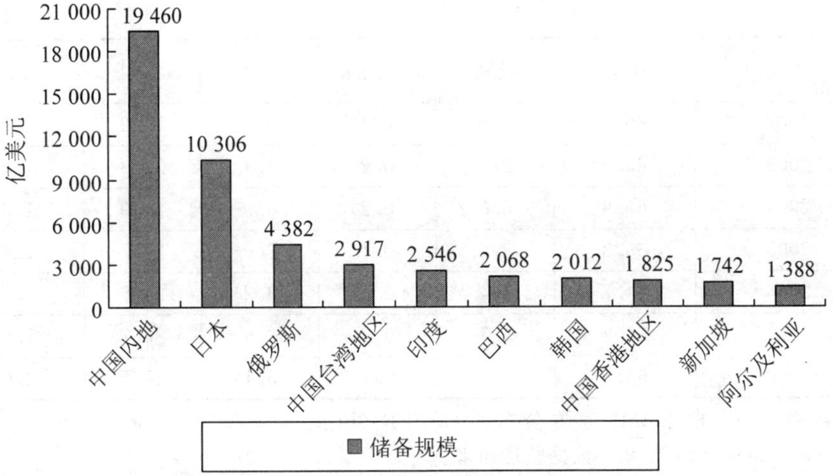

图 1-2 世界前十大外汇储备国家/地区

数据来源：香港金融管理局、路透社、国际货币基金组织及其他中央银行与货币管理机构等的网站。

近年来，全球外汇储备币种结构有所变化，但总体保持稳定，美元仍占主导地位。1999 年，美元在官方持有的外汇储备中达到了 71%，然而在 2002 年，由于美元的贬值以及储备净购买中美元资产份额的减小，美元的份额急剧下降到 67%。在接下来的六年中，美元份额基本维持在 65%左右的水平。欧元自 1999 年 1 月 1 日取代了 11 个欧洲国家的货币及 ECU 之后，占外汇储备的比重一路上升，由 1999 年的 18%上升为 2002 年的 24%。在其后的几年里，一直维持在 25%的水平左右。1999 年之后，世界外汇储备中日元的份额一直处于下降趋势，截至 2007 年年底只有 2.9%。英镑的份额在 1999 年至 2003 年一直比较稳定，处于 2.7%左右；2004 年开始所占的比重有所上升，由 2004 年的 3.3%上升至 2007 年的 4.7%。其中，美元在发达国家外汇储备中的地位有所强化。在发展中国家外汇储备中，美元仍处于首要地位，但相对地位有所削弱，英镑和欧元的比重有所上升。总体来说，当今世界外汇储备的货币结构特点是：以美元为主，其他经济发达国家的强势货币并存的多元化格局(表 1-2)。

表 1-2 世界外汇储备币种结构变化：1999—2008 年 单位：%

币种 / 年份	美元	英镑	瑞士法郎	日元	欧元	其他
1999	71.0	2.9	0.2	6.4	17.9	1.6
2000	70.5	2.8	0.3	6.3	18.8	1.4
2001	70.7	2.7	0.3	5.2	19.8	1.2

续表

年份＼币种	美元	英镑	瑞士法郎	日元	欧元	其他
2002	66.5	2.9	0.4	4.5	24.2	1.4
2003	65.8	2.6	0.2	4.1	25.3	1.9
2004	65.9	3.3	0.2	3.9	24.9	1.8
2005	66.8	3.6	0.1	3.6	24.2	1.7
2006	64.7	4.4	0.2	3.2	25.8	1.7
2007	64.2	4.7	0.2	2.9	26.2	1.9
2008	64.6	4.6	0.1	3.1	25.5	2.0

数据来源：根据 IMF 官方公布的 COFER（http：//www.imf.org/external/np/sta/cofer/eng/index.htm） 相关数据整理而来。

外汇储备资产的管理目标是实现安全性、流动性和盈利性。其中安全性和流动性是首要目标，但随着外汇储备数量的上升，在保证外汇储备资产安全性和流动性的同时，各国中央银行也开始兼顾外汇储备的收益性。从目前的情形来看，银行存款、国债、政府机构债券和国际债券等风险小、收益低的金融工具虽然仍是外汇储备资产的主要组成部分，但中央银行对一些具备一定流动性风险的市场工具的偏好正在上升。根据国际清算银行(2008)对 27 个中央银行的问卷调查，一些中央银行已经将公司债券、指数化债券、金融衍生品，甚至对冲基金列为可投资资产类别和工具。以国外官方持有的美国长期债券资产变动为例，可以清楚地看到，海外官方持有的美国长期债券资产占比尽管仍占绝对地位，但比重已从 1994 年的 84％下降到 2007 年的 56.7％；美国机构债券比重大幅度提高，从 3.5％提高到 29％①。在美元资产占外汇储备较高国家外汇资产份额较高的背景下，这种变化充分反映了各国储备资产投资方向的多样化。中央银行扩展了外汇储备资产可投资的资产范围，资产组合向风险更高的组合转变。

在外汇储备管理体系方面，因各国各自的情况不同，外汇储备管理体系呈现不同的特点。总体上看，目前世界各国的外汇储备管理体系共有四种模式。第一种模式是财政部主导模式。财政部负责制定外汇储备的管理和运营战略，而中央银行仅负责外汇储备的具体管理，采用这种模式的典型国家是日本。第二种模式是中央银行主导模式。中央银行既负责制定外汇储备的管理和运营战略，也负责外汇储备的具体管理，采用这种模式的国家包括欧元区国家。第三

①卢孔标．超额外汇储备与储备资产投资管理策略的转变——国际趋势及其对中国的启示[J]．上海金融学院学报，2008(5)．

种模式是财政部和中央银行共同主导模式。在该模式下，财政部和中央银行都持有部分外汇储备，并负责对各自的储备进行决策和管理，采用这种模式的国家包括美国等。第四种模式是中央银行和政府投资公司共同主导模式。在该模式下，由中央银行对流动性更强的短期外汇储备资产进行管理，由政府投资公司对收益性和风险性更强的中长期外汇储备资产进行管理。采用这种模式的国家包括新加坡、韩国等。

1.1.2　中国外汇储备管理的现状、存在的问题及研究意义

在外汇储备的规模方面，1994年我国进行了外汇管理体制改革，调低人民币汇率，实行汇率并轨，极大地改善了我国外贸和引用外资的制度环境，外汇储备迅速增长。尤其是近年来，我国外汇储备一再创出新高。1996年年底中国外汇储备首次突破1 000亿美元大关；2001年年底跨过2 000亿美元的门槛；2006年2月底，中国外汇储备增长到8 536亿美元，已超过日本成为全球外汇储备最多的国家；2006年10月底，中国外汇储备首次突破1万亿美元。截至2009年3月末，国家外汇储备余额为19 537亿美元。

面对1.95万亿美元的外汇储备，人们的态度向来都是喜忧参半的。喜的是充足的外汇储备有利于应对突发事件，防范金融风险，维护国家安全；增强了我国对外支付和调节国际收支的能力；提高了我国的国际资信力，增强了我国的综合国力；使我国举借外债和债务的还本付息有了可靠保证；也为人民币实现完全自由兑换创造了必要条件。特别是在当前国际金融危机持续蔓延、不断加深之时，我国充足的外汇储备无疑对于应对危机增加了强大的抵御能力。但是，我国外汇储备的急剧增长也引发了一系列的问题。比如，外汇储备的增加导致外汇占款形成的基础货币投放的增加，通过货币乘数作用导致货币供应量的成倍增加，最终会促成通货膨胀率的提高。持有外汇储备的同时，就意味着放弃了在国内使用它所可能获得的收益，使这部分可用做投资的资产闲置，国家外汇资源不能得到有效利用等。

所以，如何确定一国的适度储备水平，成为外汇储备管理的主要任务之一。本书针对外汇储备管理的核心问题之一即适度规模问题进行研究，试图结合中国具体国情，运用规范分析和实证分析相结合的方法，对影响我国外汇储备需求的各因素进行深入分析，从而得出适度规模的相应结论。

在外汇储备的币种结构方面，国家外汇管理局和中国人民银行并没有披露外汇储备的具体构成。我国外汇储备构成数据只能通过国际机构及其他国家公布的相关数据获得。根据IMF的COFER统计，中国外汇储备中60%～80%都是美元。因此，我国的外汇储备币种结构存在过于单一的问题，也就是美元占了其中绝大部分，而其他储备币种比重过低。

在这种情况下，我国外汇储备的质量受到美国经济变化的直接影响。因

此，如何通过外汇储备的币种结构调整来缓解美元贬值的汇率风险，提高外汇储备的收益性，是我国政府面临的迫切需要解决的任务，也是外汇储备结构管理中亟待解决的问题之一。本书试图结合传统的外汇储备币种结构管理理论，对影响我国储备货币币种的因素进行全面系统的分析，从而确定中国当前较为合理的储备货币币种权重。

在外汇储备资产结构方面，我国暂时闲置不用的外汇储备大都投资于美国的资本市场，购买美国高信用等级的政府债券、政府机构债券、公司债券和国际金融组织债券等金融资产。美国财政部最新公布的国际资本流动报告(TIC)显示，截至2008年12月末，中国持有的美国国债达到7 274亿美元，比上年年末增加了312亿美元，占当时中国外汇储备总额的37%。从2008年9月起，中国取代日本成为美国国债第一大持有国。在美国经济十年繁荣期间，美国的利率水平较高，各种金融资产的收益率也比较高，这样做有利于我国外汇储备资产的增值。但是，受美国次贷危机以及主权债务危机的影响，美元从长期看存在着汇率贬值及通货膨胀双重风险，单一的资产结构使我国的外汇储备面临较大的收益风险。

随着中国外汇储备规模的增长，如何提高外汇储备使用效率及盈利能力是中国储备资产管理当局面临的巨大挑战。本书试图从金融和非金融资产两个角度对中国外汇储备的资产组合管理进行分析，以期拓宽投资渠道，提高外汇储备资产的收益性，并寻找更有利于维护国内宏观经济稳定增长和居民福利持续提高的更合理配置。

在外汇储备管理体系方面，自1994年以来，我国一直采取的是以中国人民银行为主导、国家外汇管理局及其专门机构进行具体操作管理的管理体制。但面对着如此巨大的储备规模和增速，国家也在不断地探求更好的储备管理模式。2007年9月27日，中国投资有限责任公司(CIC，简称中投公司)成立，从此，我国的外汇储备分为两部分：一部分是由外汇管理局负责持有并管理，这一部分外汇资产的主要功能是维护金融稳定，为货币政策和汇率政策的实施提供资产基础；另一部分则由中投公司持有，目的是进行投资增值。

随着外汇储备大幅度增加，如此巨大的外汇储备也给我国的外汇储备管理体系和外汇储备经营管理带来了更大的挑战，加大了管理成本。与我国目前较高的外汇储备相比，外汇储备营运管理能力却十分有限，导致近几年来国家外汇储备营运连续出现亏损局面。因此，加强外汇储备营运管理研究，建立与社会主义市场经济相适应的外汇储备营运管理体系和机制，重视和提高国家外汇储备营运管理经济效益，实现国家外汇储备保值增值，是当前一项亟须解决的重大现实问题。本书通过对世界上主要国家的外汇储备管理体系进行比较分析，试图借鉴其成功的经验，以期对我国外汇储备管理体系的改革提出一些建议。

总之，面对如此庞大的外汇储备，为了保持国民经济持续、稳定地发展，需要进一步强化对我国外汇储备的管理。确定外汇储备的适度规模、加强外汇储备的结构管理以及完善外汇储备经营管理体系。尤其是目前我国外汇储备存在规模巨大，但是存在外汇储备币种形式单一、外汇储备资产运用效益低下、经营管理体系不完善的问题，加强外汇储备经营管理，提高外汇储备的管理效益，就成为当前我国一项迫切需要解决的重要研究课题。

1.2 国内外研究现状：文献综述

1.2.1 相关概念的界定

在对国内外的研究现状进行介绍之前，有必要先对本书涉及的相关重要概念进行界定。

1. 国际储备

国际储备是指各国政府为了弥补国际收支逆差和维持本国货币汇率稳定以及应付紧急支付而持有的为各国普遍接受的一切资产①。世界银行关于国际储备的标准定义是："国家货币当局占有的，那些在国际收支出现逆差时，可以直接或通过有保障的机制兑换成其他资产以稳定该国汇率的资产。"通俗地讲，国际储备就是一国货币当局能随时用来干预外汇市场、支付国际收支差额的资产。根据来源的不同，国际储备又有广义和狭义之分。广义的国际储备可以用国际清偿力来表示。国际清偿力是指一国平衡国际收支和干预外汇市场的总体能力，更确切地说是一国所能动用的一切储备资产的总和。通常所讲的国际储备是狭义的国际储备，主要包括一国的货币用黄金储备、外汇储备、在国际货币基金组织的储备头寸以及在国际货币基金组织的特别提款权余额(SDRs)。而广义的国际储备即国际清偿力除了包括上述储备外，还包括一国同 IMF 之间的备用信贷、两国之间的互惠信贷协议以及本国商业银行的对外短期可兑换货币资产等借入储备。

2. 外汇储备

在国际储备的构成中，外汇储备是国际储备的主体。外汇储备是一国货币当局持有的对外流动性资产，其主要形式为国外银行存款与外国政府债券。IMF 对外汇储备的解释为："它是货币当局以银行存款、财政部库存、政府债券等形式所持有的，在国际收支逆差中可以使用的债权。"一般情况下，一国的外汇储备必须具备以下几个基本特征：一是外汇储备必须在外汇的基础上形

① 刘军善．国际金融学［M］．大连：东北财经大学出版社，2005.

成，具备外汇的一些特性，这是外汇储备的内在本质所在；二是外汇储备必须为官方所直接持有，即外汇储备必须是一国政府所拥有并可以自由地无条件支配使用的官方资产；三是外汇储备作为资产，必须为世界各国承认和普遍接受；四是外汇储备资产必须可与其他资产自由兑换；五是储备资产的价值必须相对比较稳定。

在金本位制下，外汇储备处于极其次要的地位。在布雷顿森林货币体系创立之后，外汇储备的地位虽有所提高，但在“二战”后初期，同黄金储备相比仍处于次要地位。后来随着布雷顿森林货币体系的崩溃，外汇储备在国际储备总额中的比重迅速提高，并逐步成为当今国际储备的主体，其占国际储备的比例达95%左右。目前，世界各国的外汇储备，除了在总额上超过所有其他类型的储备外，在实际操作中，外汇储备的使用频率最高，规模也最大；同时也是各国国际储备管理的主要对象。从这个意义上说外汇储备就是国际储备。因此，本书研究的着眼点为外汇储备。本书参考了部分关于国际储备的研究成果，并将有关的国际储备的研究成果应用到外汇储备的分析中。

3. 外汇储备管理

认真有效地进行外汇储备管理，是保证外汇储备充分发挥其功能的基本条件。一国的外汇储备管理涉及很多事项，传统意义上的外汇储备管理主要是外汇储备的规模和结构两个方面的管理。从战略的角度看，外汇储备管理主要是如何确定最适度的储备规模问题；从具体的管理角度看，外汇储备管理主要是在规模适度的前提下，如何遵循安全性、流动性和盈利性有机结构的原则，安排好储备资产的结构问题。但各国外汇储备的不断增加，导致了外汇储备管理的日益复杂化和潜在巨大的储备机会成本增加。在这种背景下，就需要制定一个合理高效的管理体系，以适应这种复杂化的局面，更好地管理外汇储备，提高外汇储备管理效益。所以，笔者认为外汇储备管理除包括规模管理和结构管理外，还应该包括外汇储备管理体系建设这一重要方面。因此本书阐述的外汇储备管理问题涉及了外汇储备的规模管理、结构管理和管理体系建设三个方面的内容。

4. 外汇储备管理效益

本书提到的外汇储备管理效益是一个比较综合的概念，它应该同外汇储备管理的三方面内容各自应达到的目标结合起来进行界定。外汇储备规模管理的目标是通过有关管理规定和运营安排，使一国的外汇储备数量保持在适度的水平上。外汇储备结构管理包括币种结构管理和资产结构管理两方面，其管理的目标是使储备币种结构配置合理化和储备资产运行高效化。外汇储备管理体系建设的目标是完善当前的储备管理体系，使其向运行高效、管理科学的方向发展。因此，本书认为只有同时达到外汇储备规模的适度化、外汇储备币种结构的合理化、外汇储备资产运用的高效化和外汇储备管理体系建设的科学化四个目标，才能实现外汇储备管理效益的提高。其中，外汇储备规模适度是实现外汇储备管理效益提高的前提条件；外汇储备币种结构合理和外汇储备资产运用的高效是实现外汇储备管理效益提高的两条重要途径；外汇储备管理体系建设科学是实现外汇储备管理效益提高的保障。

接下来将对国内外关于外汇储备适度规模、币种结构、资产结构和管理体系的文献进行归纳和综述。

1.2.2　关于外汇储备适度规模的国内外研究综述

1. 国外研究现状

20世纪70年代之前，对外汇储备需求的研究主要采用经验比例法，其中主要代表是特里芬(Triffin，1960)的储备/进口法，他认为全年储备额对进口的比例约为25%，即一国的储备量应以满足三个月的进口为宜。这种储备适度性决定理论的最大优点是简单易行，它直截了当地提出了一个明确的储备量指标，因此被普遍接受并广泛运用于实践。

70年代后，西方学者开始利用数学模型对外汇储备需求进行定量研究，主要方法是成本收益法和回归分析法。成本收益法是通过一国持有储备的边际成本等于边际收益来确定该国的最优储备量，从而实现一国的福利最大化。运用成本收益法探讨储备需求并将其模型化、具体化的经济学家主要有H. R. Heller和J. P. Agarwal。H. R. Heller(1966)是最早运用成本收益法分析储备需求的经济学家，他推导出的最优储备规模决定模型由三个因素决定：进口倾向、储备持有的机会成本和国际收支差额。Agarwal(1971)模型是在Heller模型的基础上，克服Heller模型的某些不足，充分考虑到发展中国家和发达国家在制度和结构方面的差别，主要为发展中国家建立的一个储备决定模型。

"二战"后，回归分析技术在西方经济学家中得到广泛运用，理论界针对影响一国适度储备规模的诸多因素进行回归分析后，建立了许多关于适度储备量的经济计量模型。他们认为储备需求与某种(某几种)经济变量存在关系，在得知这些经济变量多年的数据后，可以利用回归的方法，在它们之间建立了一种线性的(或非线性的)函数关系，并利用这种函数关系估计储备需求。其中以J. A. Frenkel(1971)的双对数模型和M. A. Iyoha(1976)的滞后调整模型最为有名。

此外，国际经济学家F·马克鲁普(Frizz Machlup)在研究储备需求问题时提出国际储备需求决定的"衣柜效应"分析法，这种理论通俗地把一国货币当局对国际储备的需求比作夫人对其衣柜中的时装的需求，结论当然是多多益善。哈里·约翰逊(Herry Johnson)提出了货币供应量决定法，其主要观点是国际收支问题，即外汇储备问题，实际上反映的是货币供应量对货币需求的调整过程。

2. 国内研究现状

我国的许多学者在各种储备规模决定理论的基础上，综合考虑多种影响因素，提出了界定外汇储备适度规摸的因素分析法，其中以胡援成模型(1997)和武剑模型(1998)为代表。陈彪如和马之稠(1997)在讨论国际储备的适度性及其测算途径时，提出了储备需求目标区的概念，因此这里将其称为目标区分析法。

我国外汇储备在20世纪90年代之前一直处于短缺状态，进入20世纪90年代后开始迅猛增加，在此之后，国内对我国外汇储备的适度性问题的研究也逐步增加。分析的结论大致有以下三种——外汇储备超额论、外汇储备适度论、外汇储备不足论。

外汇储备超额论认为中国的外汇储备规模过大，已经超过了经济发展的需要。吴丽华（1997)和高丰、于永达(2003)运用Agarwal模型，对持有外汇储备的收益和成本进行了对比分析，从一国持有外汇储备的边际成本等于边际收益来确定最优储备量，测算出我国的适度外汇储备水平，从而得出我国当前的储备量处于超额状态。许承明(2003)在Frenkel外汇储备需求模型的基础上设立动态调整模型，对1978年以来我国外汇储备需求、货币存量等相关经济变量的年度数据进行单位根检验与协整检验，建立了我国外汇储备需求的长期均衡和短期动态方程，得出20世纪90年代以来我国实际外汇储备大多处于“相对过剩状态”。者贵昌(2005)提出适度规模测算应考虑进口付汇、外商投资回报、偿还外债、维持汇率稳定的外汇平准基金及特殊需要的外汇需求等因素，依据经验标准分析得出我国的外汇储备水平偏高的结论。魏晓琴、尤元宝(2004)[①]以及于春红、马连霞(2006)根据我国国情，对Agarwal模型加以改进，并运用改进后的模型对近几年我国的适度外汇储备规模进行了分析，得出近几年的外汇储备规模偏高的结论。黄涛、黄海南(2007)结合我国的国际收支状况，分析了我国外汇储备的需求因素，据此构建出我国外汇储备适度规模的测算模型。根据构建的测算模型运用1990—2005年的年度数据对我国的外汇储备各适度规模进行实证分析。其基本结论是：1990—1995年为外汇储备不足阶段；1996—2003年为外汇储备适度阶段；2004—2005年为外汇储备过剩阶段。

外汇储备适度论认为中国的外汇储备规模适度。王国林(2001)运用IMF衡量储备是否充足的外汇储备定量指标：实际储备趋势(R/GDP)、总储备与进口的比率(R/M)以及外汇储备与国际收支综合差额的比率。根据这三个指

① 魏晓琴，尤元宝．对阿格沃尔模型的改进及运用[J]．世界经济研究，2004(8).

标推算出 1991—2000 年外汇储备的适度规模，得出我国外汇储备是充足的，规模也是适度的。杨力(2005)将传统的定量分析法与定性分析法结合起来，对中国目前外汇储备的适度性问题进行了相关的理论研究，指出中国现有经济发展水平及国情存在特殊性，在考虑中国外汇储备适度性的问题上，维护国内金融秩序稳定和国家经济安全，以及通过提高中国在国际支付中的形象吸引国际直接投资日益占有了越来越重要的地位，得出中国目前的外汇储备处于比较适度水平的结论。刘莉亚、任若恩①(2004)通过实证分析指出，20 世纪 80 年代以来，我国外汇储备实际规模的运动轨迹与适度规模的运动轨迹基本上是一致和相吻合的。

外汇储备不足论认为我国的外汇储备不但不过剩，而且还存在严重不足。以货币供应量决定论为理论基础，刘斌(2000)对影响中国经济主体外汇需求的诸因素进行了分析，并通过与亚洲金融危机国家和地区的国际比较，提出了衡量我国外汇储备适度性的指标和安全界线，发现与绝大多数国内学者完全不同的结论：我国外汇储备严重不足，而且在可预见的将来也难以提高到适度的水平。管于华(2001)建立了外汇储备规模的适度模型，分析结果指出：我国的外汇储备远在适度规模标准的下限以下，说明我国的外汇储备不是偏多而是偏少。邱晓华(2002)指出：中国外汇储备并未过剩，而且还将保持一个稳定增长的趋势。黄泽民②(2003)从我国外汇储备需求所具有的动态性及其多种因素与我国在世界政治格局中所处地位等角度出发，认为不能简单地套用西方国际储备理论来解释我国的外汇储备问题，实事求是地、动态地、多因素地考虑中国外汇储备总量的话，无法得出中国外汇储备过剩的结论。

总体来说，大多数学者在借鉴国外相关理论与方法的基础上计算了中国外汇储备的适度规模，并从定性和定量两方面进行了讨论。但是由于他们依据的模型不同，分析的具体时期也不同，所以计算出的结果也是相差悬殊。

1.2.3　关于外汇储备币种结构的国内外研究综述

1. 关于外汇储备币种结构的理论研究

关于外汇储备结构管理问题，西方经济学者起步较早。国际上很多学者已经提出了许多关于外汇储备币种结构确定的理论并建立多种模型。传统的外汇储备币种结构选择理论主要有三个，第一个是马柯维茨(Markowitz)的资产组合理论；第二个是海勒-奈特模型；第三个是杜利模型。资产组合理论认为外

① 刘莉亚，任若恩．我国外汇储备适度规模的测算与分析[J]．财贸经济，2004 (5)．

② 黄泽民．中国外汇储备的性质与适度性问题思考[J]．华东师范大学学报，2003(11)：14—18．

汇储备的多元化投资组合问题，实际上是最优资产选择问题，因此，资产选择理论的基本方法，可以运用于外汇储备的结构管理。海勒-奈特模型(1978)从国际储备的特点和职能去研究各种储备货币的比例，讨论一国的汇率安排与贸易结构对储备币种分配的影响。杜利模型(1989)表明在一国持有的储备中，持有某种外币资产是由贸易流量，外币支付流量和汇率安排共同影响的结果。由于模型加进了对发展中国家外债状况的考虑，因此比海勒-奈特模型更为完善。

对外汇储备货币结构的最新分析方法由斯科瑞尚德(Srichander，1999)①提出，他将模糊决策理论引入外汇储备的货币结构管理，主要从储备收益角度研究外汇储备币种分配的技术方法。提出运用模糊决策理论，把储备资产的货币结构放到多目标模糊决策框架中求解的新方法。克服了传统的回归分析方法和资产选择方法的弊端。

2. 国外学者关于外汇储备币种结构的实证研究

基于以上分析方法，国内外学者对外汇储备币种结构进行了研究。早期外汇储备币种结构研究主要沿用传统的马柯维茨资产组合理论，将外汇储备资产看做财富的贮藏手段，中央银行作为投资者，通过资产分散化，尽可能在降低风险的同时实现组合资产价值最大化。Ben-Bassat (1980)就利用这种方法估算出了以色列的最优储备结构。

Dooley(1987)认为，资产组合框架主要适用于分析官方的净国外资产，而不适用于总的外汇储备，并用 93 个发展中国家的数据进行了实证分析，证明外汇储备币种结构主要受交易动机影响。Dooley，Lizondo 和 Mathieson(1989)用 1976—1985 年期间 58 个国家的外汇储备币种结构数据估计了交易动机模型，进一步发现：外汇储备币种结构主要受所钉住的货币、主要贸易伙伴和外债结构影响；交易动机在各国外汇储备币种管理中所占的重要程度是不同的。Roger(1993)研究发现，大多数工业化国家的外汇储备币种结构变化主要与外汇市场公开市场干预，而不是资产组合的结果有关。

Eichengreen(1998)利用数据实证分析了各国国内生产总值和国际贸易相对规模对全球外汇储备币种结构的影响，发现长期内这种影响确实存在，但短期内则不存在。Eichengreen 和 Mathieson(2000)进一步验证了一国的贸易对象、外债结构、汇率安排、资本账户开放和储备货币之间的利差对外汇储备币种结构的影响，发现各国的外汇储备币种结构具有历史延续性，所有影响因素只能渐进地发生作用。他们通过对 1971 年到 1995 年的年度数据进行分析，发现每当一国的对外贸易增长一个百分点，其对外汇储备的贡献度为 0.5 个百

① Srichander R. Reserve Currency Allocation：An Alternative Methodology[R]. BIS Working Paper No. 72，1999.

分点。

Reddy和De Leon(2003)对印度和加拿大央行的资产管理做法进行了研究，分别说明了这些机构在主要国际货币持有方面追求均值-方差组合多元化。这一点在Naameh(2003)对发展中国家的研究中也有进一步的强调。Naameh还列出相关证据，说明贸易、债券组合和货币汇率的限制对新兴市场与发展中家都特别重要。

Chinn和Frankel(2005)用国际货币基金组织(IMF)总量数据对1973—1998年间官方储备持有的七种主要货币进行分析来研究国际储备的货币组合，主要发现是，全球货币储备持有的主要货币构成是非常稳定的(滞后因变量系数在0.85至0.96之间)。此外，Chinn和Frankel还作了样本外预测，并同实际欧元的份额进行了比较。研究表明，欧元至少需要25年才能挑战美元的主要储备货币地位，除非美元的稳定性有重大恶化(贬值、通货膨胀)。

Pringle和Carver(2005)对一些国家的中央银行的调查显示，钉住汇率制、贸易、外债及地理政治因素对货币储备组合具有重要的影响。

Elias，Richard和Gregorios(2006)采用动态均值方差模型得出了存在交易成本的情况下的外汇储备的最优币种结构。

3. 国内学者对外汇储备币种结构的实证研究

我国学者对外汇储备币种的研究主要是从定性分析和定量分析两个角度入手的。

在定性研究中，我国学者主要依据海勒-奈特模型和杜利模型从汇率制度、贸易和国际收支结构、外债结构等角度对外汇储备币种进行选择。

金艳平与唐国兴(1997)分别赋予我国的进出口贸易结构、外债结构、储备货币国际地位和收益率因素一个权重，估算出我国外汇储备比较合理的币种结构为：美元55%～65%；日元20%～25%；德国马克10%～15%；英镑和法国法郎各5%左右。

宋铁波、陈建国(2001)在综合考虑我国的贸易结构、外债结构以及储备货币的风险收益和我国的汇率制度的具体情况后，引用Srichander在其论文中的研究及借用SDR篮子货币的币种组合，计算出我国外汇储备币种组合比例情况。提出我国外汇储备的币种组合为：美元58%～63%、日元13%～18%、欧元13%～18 %、英镑等其他货币5%～10%。

朱箴元(2000)认为外汇储备的货币结构应当因国而异；由于各国对外支付和储备货币汇率都处于不断变动中，外汇储备的结构应是经营的结果，而不应是事先设定的目标。

张文政、许婕颖(2005)介绍了海勒-奈特模型与杜利模型在中国外汇储备的币种权重选择中的应用。在海勒-奈特模型与杜利模型中关于一国外汇储备币种结构的选择中，作者分别考虑了贸易结构、外债结构、汇率制度以及各国货币的地位等因素对外汇储备选择的影响。指出我国外汇储备的币种组合为：美元 63%、日元 15%、欧元 20%、其他货币 2%。

在定量分析中，我国学者主要是应用 Markowitz 资产组合理论的思想，建立一个非线性数学模型来确定外汇储备的最佳币种结构。分析的思路是运用资产组合理论，从数量上讨论以风险最小为目标的外汇储备最优结构，利用国际投资的收益和风险的若干数据，来说明具体计算的方法和分析相应的不同币种收益率与各国经济相关度对结果的影响。

易江、李楚霖(1997)将资产组合风险最小化的理论应用于外汇储备安全增值问题的研究，在允许卖空和不允许卖空两种情境下导出实现外汇储备最优组合的方法，并利用实际数据进行了分析。

陈建国、谭戈(1999)运用均值一方差方法推导了储备资产组合的有效边界，然后通过求得反映货币当局偏好的经验函数，确定了使得效用最大化的储备资产结构。

马杰、任若恩、沈沛龙(2001)尝试采用 Markowitz 的资产组合理论的思想，将外汇储备资产证券化，把外汇储备整体看成一个证券组合，通过分析这个证券组合的最优资产配置比例来确定一国外汇储备资产的构成。

朱淑珍(2002)利用 Markowitz 的组合投资理论，以美元为基准考察了几种具有代表性的国际货币的风险收益情况，分析了中国的外汇储备的风险有效边界曲线，同时给出了理论上最优的外汇储备结构的调整建议。

刘志雄(2006)基于 Markowitz 的资产组合理论，综合考虑影响我国外汇储备币种结构的因素，即中国对外贸易地区来源与流向、中国吸收 FDI 的地区来源、各储备货币国的经济实力、我国外债的币种结构、IMF 特别提款权的货币构成、各储备货币的投资收益。并对各因素赋予权重，初步测算了我国外汇储备合适的币种结构。

滕昕等人(2006)以 1999—2005 年我国外汇市场的实际汇率为依据，选取美元、日元、欧元、英镑、澳元、瑞士法郎和加拿大元这 7 种主要的世界货币，进行汇率风险防范的投资组合分析，得到投资组合的有效前沿。研究发现，日元在投资组合中降低风险提高收益的作用有限，欧元在组合中的比例很低，英镑和加元在组合汇总中的比例很高，采用投资组合可以在有效地降低风险的同时获得稳定的收益。

杨胜刚、龙张红、陈珂(2008)借鉴 Markowitz 基本均值方差模型的思想，从中国实际出发确定了两个投资基准和三种风险制度，进而在此基础上实证研究了在不同投资基准、不同风险制度和不同风险厌恶度情况下的我国外汇储备币种结构。提出如果国家的风险回避意识很弱，建议多投资于美元和英镑；如果国家的风险规避意识很强，投资以美元为主，欧元和日元次之，英镑的比重最低。

总的来看，国内对外汇储备货币结构方面的定性分析多围绕安全性、流动性和收益性做文章，缺少对外汇储备货币结构调整的制约因素进行系统分析。而定量研究多是应用 Markowitz 基本期望方差模型的思想。其中定性与定量结合不足，这不免影响了各自的说服力。此外，因国家对币种结构相关方面的数据基本不予公开，数据的可得性较差，故得出的合理币种结构的参考价值较低。

1.2.4 关于外汇储备资产结构的国内外研究综述

1. 国外研究现状

关于外汇储备资产结构的研究，国外学者也主要从定性和定量两个角度入手。在定性研究方面，Vesilind 和 Kuus(2005)①在关于爱沙尼亚银行的外汇储备积极管理研究中，把外汇储备总资产分为两种资产组合，即流动性资产组合和投资性资产组合，还有一部分黄金。流动性资产组合的目的是应对日常外汇支付的需要，由高流动性的资产组成，大约占外汇资产总额的 5%；而投资性资产组合的目的是在全球范围内在一定风险限度内利用各种金融工具实现收益最大化，防止资产价值的蒸发。

在定量研究方面，国外学者主要采用期权定价模型和资产组合平衡模型研究外汇储备资产的投资组合问题。Morgan（1996）对期权价值变化的 Delta-Gamma-Theta模型进行了研究，假设市场变量的回报服从多元条件正态分布，利用 Johnson 分布把外汇期权组合总价值回报转换为标准正态分布，然后再求得 VaR 值。Mina(1999)引入蒙特卡罗模拟，假设市场变量的回报服从多元条件正态分布，利用计算机模拟产生市场变量的一系列价格，然后使用二次近似来计算组织总价值变化和相应的 VaR 值。

Rockafellor 等经济学家提出了 CVaR 模型，该模型用于测算在外汇资产组合的损失大于某个给定的 VaR 值条件下的期望损失。它不是一个单一的分位点，而是尾部损失的均值，只有将所有大于 VaR 的损失值都考虑到才能计算。随后，Rockinger(2001)引入 EGARCH 模型，较好地处理了资产损益分布的厚尾性和有偏性。Cushman(2007)等人对资产组合平衡模型进行了研究，该模型能够稳定地解释标准的基础。

2. 国内研究现状

对于巨额储备资产如何经营和管理的问题，目前在国内研究中主要还是一些定性经验规则的阐述，如要求储备管理遵循安全性、流动性和盈利性三个原

① Vesilind A, Kuus T. Application of investment models in foreign exchange reserve management in Eesti Bank [R]. Working Papers of Eesti bank No. 6, 2005.

则，定量研究较少。

吴晓灵(2001)、王红夏(2003)、刘思跃和肖卫国(2003)根据储备资产的变现能力和收益水平，把储备资产划分为三级结构：一级储备，包括现金和准备金，如活期存款、短期国库券、商业票据等；二级储备，主要是指中期债券；三级储备，指各种长期投资工具。

马杰等人(2001)从外汇市场的变化出发，采用 Markowitz 基本期望方差模型，初步建立了一个非线性数学模型来确定外汇储备的最佳结构。该模型将外汇储备整体看成一个证券组合，通过分析这个证券组合的最优资产配置比例来确定一国外汇储备资产的构成。

李江华和杨能良(2003)则按照外汇储备的流动性需求、收益性需求和安全性需求将外汇储备划分为流动性外汇储备、收益性储备和外汇平准基金。流动性外汇储备用来满足调节国际收支、保证对外支付、干预外汇市场和稳定本币汇率等需要，一般投资在流动性最强、风险最小的投资工具上；收益性外汇储备用来满足维护国际信誉、提高对外融资能力等需要，收益性资产组合的工具可以包括长期债券、股票、对国家或企业的贷款和直接投资；外汇平准基金为了维持本币汇率稳定和保持外贸进出口合理水平，在必要时干预外汇市场、调节宏观经济，外汇平准基金由一定量的黄金和外币组成，其规模根据人民币的汇率安排进行确定。

张明、何帆(2006)对美元贬值背景下我国外汇储备的结构调整进行实证分析，认为从我国目前外汇储备的资产结构来看，偏重于债权投资，忽视了股权投资；偏重于政府债，忽视了机构债和企业债；偏重于信用货币投资，忽视了黄金投资；投资偏重于安全性和流动性，忽视了收益性。因此，提高外汇储备资产的收益性势在必行。

冯晓华(2008)运用我国 1997—2007 年的国际收支平衡表，集中考察了我国外汇储备的运用情况，认为其主要存在对外间接投资渠道单一、外汇储备收益率低、对外直接投资严重不足、用汇需求低、进口结构不合理、外汇储备的消费作用难以发挥等。针对上述问题，提出通过加强对外直接投资、投资国计民生的重要行业、增加国家的战略储备等方式开拓外汇储备的投资渠道；通过增加间接投资中股票投资的比重、投资具有比较优势的服务贸易行业等方式提高外汇储备的投资收益率。

由于对外汇储备资产结构的研究起步较晚，所以与对外汇储备的规模和币种结构的研究相比，这方面的研究方法很少。尤其是我国正处于经济转轨的重要时期，面对目前高额外汇储备的情况，对外汇储备资产结构的研究缺乏必要的理论和实践积淀，未能测算出效用最大化的外汇储备资产结构。

1.2.5 关于外汇储备管理体系的国内外研究综述

针对我国外汇储备管理体系改革问题，国内学者主要通过对一些国家外汇管理体系和运行机制的分析和比较，对中国外汇管理提出了可借鉴的经验或对策。

王元龙(2007)认为我国未来的外汇储备管理基本组织架构将主要由两部分构成：一是由中央银行保留大部分外汇储备，以满足对外汇储备的交易性需求和预防性需求，应付国际收支逆差、进行货币政策操作、维持人民币汇率稳定；二是由外汇储备管理实体即外汇投资公司管理和运作部分外汇储备用于投资，追求尽可能高的收益。该组织架构的基本特征是进行专业化分工、分层次管理。实际上，这种外汇储备管理的基本组织架构，其实质是将外汇储备按外汇管理功能和投资功能划分为两个层次。

巴曙松、刘先丰(2007)参考发达国家和地区运用外汇储备方面的经验，结合本国的实际情况，从影响货币当局外汇储备管理的四种需求动机出发，提出进行多层次的外汇储备管理。建议建立以专业化投资管理公司为主体的外汇储备管理运作体系，针对不同的投资组合，确立适当的投资主体；建立关于外汇储备管理的完善的法律法规体系和严格的管理体系。

孔立平(2006)介绍了新加坡、挪威采取的多层次储备管理体系，美国、日本的双层次储备管理体系，并对四国储备体系的特点进行了比较。提出中国应该采取积极的储备管理战略、建立统一的储备管理体制以及建立多元化的储备经营操作机构的建议。

陈平(2006)介绍了新加坡外汇储备积极管理模式的形成过程、战略意义、投资策略和风险管理，建议中国借鉴新加坡的成功经验，建立外汇储备积极管理体制。提出中国的外汇储备积极管理的架构可以考虑采取以外管局为中心的“三驾马车”形式，即首先，在外管局之外独立成立中国的GIC，负责外汇储备在国际金融、外汇、房地产市场的积极投资；其次，着手组建类似于淡马锡的国有资产控股管理企业，将国有资产管理委员从对国有控股企业的商业管理中解脱出来；最后，通过建立和增加商品储备，使中国在国际大宗市场逐步获得必要的影响力。

张海波、郭玲(2007)考察了我国设立外汇投资公司的动因及国外外汇储备管理的相关经验，针对设立外汇投资公司可能的模式选择及其对我国货币经济的影响进行了探索性分析。认为国家外汇投资公司的设立实际上是将央行对外汇储备的经营管理职能实体化，这不仅可以有效地理清我国外汇储备的形成与货币政策之间的关系，提高外汇储备管理的效率及回报，而且也将对国外资本市场及美元兑人民币汇率和我国的宏观经济产生重要影响。

对我国外汇储备管理体系的研究和对资产结构研究一样，起步较晚，目前还停留在对国外储备管理体系的比较和借鉴上，对我国外汇储备管理体系目前存在的问题以及如何进一步完善，使其运行更加科学化、高效化未能深入研究。

1.3 研究内容和逻辑框架

本书试图运用经济学的基本原理，分析说明我国外汇储备的管理效益问题。外汇储备管理应该涉及规模管理、结构管理和外汇储备管理体系三个大的方面。而只有同时达到外汇储备规模的适度化、外汇储备币种结构的合理化、外汇储备资产运用的高效化和外汇储备管理体系的科学化四个目标，才能实现外汇储备管理效益的提高。可见，外汇储备管理既包括外汇储备管理体系的建立和健全，也包括外汇储备资产结构和币种结构的具体管理；既涉及从宏观上确定和保持外汇储备适度规模，也涉及微观上对储备资产、币种进行风险分散的技术性操作。本书从六个方面对该问题展开了分析，具体内容如下。

第1章是绪论部分，主要介绍本书研究的时代背景及现实意义；全面阐述当前国内外有关外汇储备的适度规模、币种结构、资产结构以及管理体系的研究现状和不足；介绍论文拟采用的研究方法、主要研究内容以及基本框架，概述论文撰写中的创新之处。

第2章是中国外汇储备规模现状及其对宏观经济的影响，第2章包括三节。第2.1节，中国外汇储备规模发展变化历程。第2.1节将外汇储备规模的变动分为两个时期：一个是外汇储备规模较低时期；另一个是外汇储备规模持续增长时期。对1982年起我国开始对外公布国家外汇储备数额以来，外汇储备规模的变化进行了系统地回顾。第2.2节，巨额外汇储备形成的原因分析。深入分析了中国巨额外汇储备形成的直接原因、制度原因、宏观经济根源和外部原因等。第2.3节，巨额外汇储备对中国宏观经济的影响，这是第2章的重点，对巨额外汇储备的宏观经济影响进行了论述。外汇储备增加会引发货币供应量被动增加；使中央银行货币政策的灵活性降低；从长期来看，还可能通过影响货币供应量而间接影响消费物价指数，从而增加物价上涨的压力；使持有外汇储备的机会成本、借入储备利息支付成本以及为减少储备增长带来基础货币的扩张而产生的冲销成本增加。

第3章是外汇储备管理效益提升的前提——外汇储备适度规模研究，第3章包括四节。第3.1节，外汇储备规模适度的含义及适度规模的决定。在总结前人关于外汇储备适度性的含义的基础上，提出了笔者关于外汇储备适度性的含义以及适度规模决定基础的观点。第3.2节，外汇储备规模适度的意义。对外汇储备规模适度对经济的有利影响和外汇储备规模不足或过剩对经济的不利影响进行了比较分析。第3.3节，基于传统方法对中国外汇储备适度规模的分析。主要运用人们常用的比例分析法和成本收益分析法测量我国外汇储备适度规模，得出我国外汇储备规模已经明显过剩的结论。第3.4节，基于因素分析法下中国外汇储备适度规模研究，这是本章的重点。以因素分析法为基础，综合考虑了外汇储备的交易性需求、预防性需求、盈利性需求和保证性需求，来构建适合我国的外汇储备适度规模模型，并进行实证检验，从而得出了我国外汇储备适度规模的具体区间。

第4章是外汇储备管理效益提升途径之一——外汇储备币种结构研究，第4章包括三节。第4.1节，国内外外汇储备币种结构现状。介绍了当今世界外汇储备货币以美元为主，其他经济发达国家的强势货币并存的多元化格局的特点；以及我国的外汇储备货币结构过于单一，美元占了其中绝大部分，而其他储备币种比重过低的现状。因此如何选择和调整我国外汇储备的币种结构成为当前亟待解决的问题。第4.2节和第4.3节主要针对这两个问题进行解决，也是第4章的重点。第4.2节，中国外汇储备币种结构的选择。依据经济实力、币值稳定和交易匹配原则，提出目前我国外汇储备币种应主要以选择美元、欧元、日元、英镑为宜的建议。第4.3节，中国外汇储备币种比重的确定。主要结合传统外汇储备币种结构管理的三大理论，对影响储备货币币种的因素进行全面系统的分析，通过定性和定量分析相结合的方法，确定了中国当前合理的储备货币币种权重。

第5章是外汇储备管理效益提升途径之二——外汇储备资产结构研究，第5章包括四节。第5.1节，我国外汇储备资产结构现状。当前我国暂时闲置不用的外汇储备大都投资于美国的资本市场，购买美国高信用等级的政府债券、政府机构债券等金融资产。但当前持美国国债应只是一个稳定市场的暂时之举，从长期来看，这种资产配置方式存在汇率风险、信用风险和流动性风险等，所以优化储备资产的配置成为当务之急。第5.2节，国际外汇储备资产管理的新趋势。随着外汇储备数量的上升，在保证外汇储备资产安全性和流动性的同时，各国中央银行也开始兼顾外汇储备的收益性，国际储备资产管理出现了一些新的趋势。我国外汇储备资产的结构也应该相应进行重新配置。第5.3节，中国金融类外汇储备资产的结构配置策略。在安全性、流动性和盈利性的原则下，我国应该借鉴挪威的多层次储备资产管理的经验，针对不同的需求动机建立不同的投资组合。在具体针对美元储备资产的配置上，要减少对美国国债的增持，对存量美元资产要在结构和期限上进行调整。第5.4节，中国非金融类外汇储备资产的结构配置策略。提出将部分外汇储备资产转化为黄金储备、战略物资储备以及发展性储备，以发挥其维持宏观经济稳定和创造较高收益的最大效应，实现外汇储备资产投资渠道多元化。

第6章是外汇储备管理效益提升的保障——外汇储备管理体系改革研究，第6章包括四节。第6.1节，中国外汇储备管理体系的历史沿革。介绍了从新中国成立以来我国的外汇储备管理经历的三个阶段：高度集中控制阶段、向市场化过渡阶段和市场化的深入阶段。第6.2节，外汇储备管理体系的国际比较。介绍和比较了世界上一些主要的经济体，如美国、欧元区经济体、日本、韩国、新加坡等国家和地区所采取的外汇储备管理体系，试图从中得到一些启示，从而探求我国新形势下的储备管理体系的组织形式。第6.3节，中国外汇储备管理体系模式的选择。总结了目前世界各国外汇储备管理体系的四种模式：财政部主导模式、中央银行主导模式、财政部和央行共同主导模式以及央行和政府投资公司共同主导模式。并分析了我国选择以外管局和中投公司共同管理这一模式的必然性。第6.4节，中国外汇储备积极管理的新模式——主权财富基金和中投公司。在外汇储备管理过程中收益较高的国家，大多会划定一个合理的外汇储备界限，界限以内的部分由货币当局进行保守型管理，主要追求安全性和流动性，超出部分才交由政府投资公司去进行积极管理，新加坡、韩国均是如此。我国正是借鉴了上述国家的经验，于2007年9月27日成立了中国投资有限责任公司，由其对外汇储备进行积极管理。但目前作为主权财富基金的中投公司在运作模式、透明度、投资策略、投资方向和与外管局的关系方面均存在一定的不足或不确定性，从而影响了外汇储备积极管理的效益。第6.4节就是围绕主权财富基金的形成与发展、国际社会对主权财富基金的态度进行分析，对中投公司的完善提出了若干建议。

第7章是结论和展望部分。总结了全书的主要观点，对今后继续研究的问题做了展望。

本书的逻辑架构如图1-3所示。

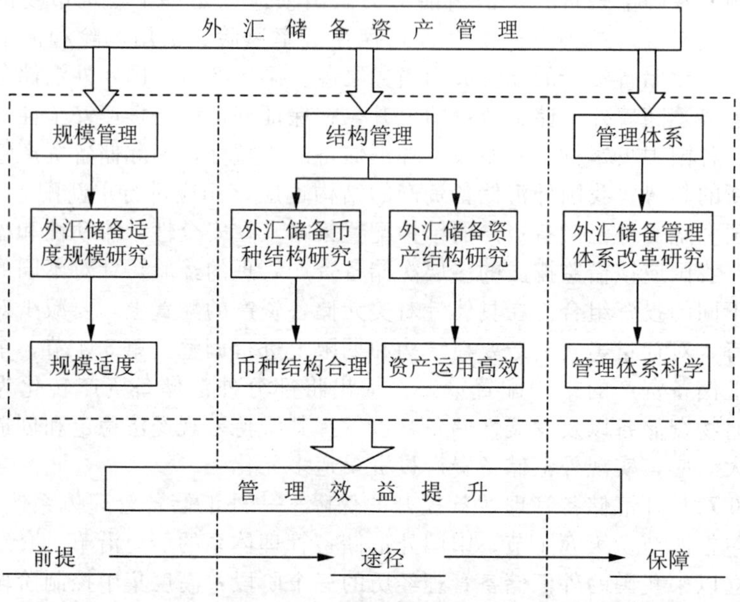

图1-3　本书逻辑架构图

1.4　研究方法和主要贡献

1.4.1　研究方法

根据本书研究内容的需要，在写作过程中，重点运用了定性分析与定量分析相结合的方法、归纳和演绎相结合的分析方法、实证分析与规范分析相结合的方法以及对比分析方法，对中国外汇储备的规模管理、币种结构管理、资产结构管理以及外汇储备管理体系改革等问题进行了积极的探讨。

①实证分析与规范分析相结合的方法。本书在探讨中国外汇储备规模、结构以及管理体系的现状时，将更多地运用实证研究方法，以便能更客观、更全面地展示我国外汇储备管理的现状。同时结合外汇储备管理理论，说明在进入21 世纪后我国经济金融条件发生变化的情况下，相应的较优的外汇储备管理选择应该是什么样的，并进行了规范分析。通过运用实证分析和规范分析相结合的方法，试图更清晰地论证和解决我国外汇储备管理效益问题。

②定性分析与定量分析相结合的方法。本书在对中国外汇储备适度规模进行研究时，对交易性需求、预防性需求和盈利性需求所产生的外汇储备规模进行了定量分析；而对保证性需求所产生的外汇储备规模进行了定性分析。结合中国自身的实际情况建立适合中国实际的外汇储备适度规模区间模型，并用外汇储备适度规模区间模型进行了实证分析。本书对中国外汇储备货币结构的选择同样使用了定性与定量相结合的分析方法。

③归纳和演绎相结合的分析方法。本书对外汇储备管理理论和实践进行归纳分析，寻找外汇储备理论演进以及外汇储备管理实践变革的动因。在此基础上，根据对中国经济金融的具体分析，演绎出了我国外汇储备管理改革应该把握的原则以及较优的外汇储备管理选择。

④对比分析方法。本书运用对比分析的方法，对世界上几个主要国家的外汇储备管理体系进行了比较，从而发现我国外汇储备管理方面存在的差距与不足，借鉴发达国家的先进经验，找出中国外汇储备管理改革和发展的方向。

1.4.2　主要贡献

本书的主要贡献可以归纳为以下几点。

第一，对外汇储备适度性的含义和我国外汇储备适度规模的决定基础进行了界定。目前还没有一个被普遍接受的关于一国外汇储备规模适度性的标准。国内外学者分别从成本的角度、经济均衡的角度、需求的角度和边际成本和收益的角度定义了外汇储备的适度性，但他们的定义都存在某些方面的不足。本书认为，外汇储备的适度水平应该是在满足外汇储备基本需求和保持一国经济稳定增长的基础上，实现持有成本最小化(收益最大化)的一个均衡水平。其形式并非是一个理论上的固定值，而应该是随时间变化、具有一定上下限区间的，在一个可容许区间内的众多数值，都可以视为外汇储备的适度规模。对于我国外汇储备适度规模决定基础问题，本书认为从市场运行的角度看，外汇储备规模的决定是外汇储备供给和需求共同作用的结果。就我国而言，我国外汇储备供给相对充裕，从1994年开始我国经常项目和资本项目持续双顺差，适度的外汇储备规模应当从我国对外汇储备的需求动机出发。具体来讲，适度的外汇储备规模是能够满足以下几点需求的储备规模：维持正常进口的用汇需求，偿还外债本息的用汇需求，外国直接投资企业汇出利润的用汇需求；干预外汇市场，稳定汇率的需求；按照成本—收益的要求，持有外汇储备的成本最小；能够间接维持国内外公众的信心，促进国民经济发展的需求。

第二，提出了新的外汇储备需求要素，丰富了外汇储备需求构成内涵。在对我国外汇储备适度规模进行衡量时，借鉴凯恩斯的货币需求理论，充分考虑了外汇储备的各方面需求。在借鉴凯恩斯把货币需求分为交易性需求、预防性需求和盈利性需求(或称为投机性动机)三个方面基础上，本书增加了对外汇储备的保证性需求。这是因为外汇储备的功能目前已经发生了变化，各国持有外汇储备的目的还是作为一种信心的保证。然后以因素分析法为基础，重新构建我国外汇储备适度规模模型，用来估算各部分外汇储备需求的适度规模。其中对保证性需求的适度储备规模是通过定性分析估算出来的，即通过分析我国外汇储备来源结构的变动以及我国国际收支中两大账户的发展趋势，来判断外汇储备的供给是否具有可持续性。分析的结果是从长期来看，我国外汇储备供给总体形势不容乐观，因此，在计算出由交易需求、预防需求和盈利需求所需的外汇储备适度规模后，将外汇储备适度规模在此基础上上浮一定的百分比，以此来补充由于外汇储备供给的不可持续性而必须维持公众信心的需求。

第三，对相关模型进行了改进。在确定我国外汇储备合理的币种结构时，本书认为前人对外汇储备货币结构的研究所依据三大模型(资产组合理论、海勒—奈特模型和杜利模型)在进行外汇储备币种优化配置时都只从外汇储备的一个或几个方面来考察，具有一定的局限性。如果可以将所有影响外汇储备币种优化配置的因素综合起来考虑，则可以更为完善和有效地来管理外汇储备币种的分配。正是出于这一目标，本书以马柯维茨的资产组合理论为基础，同时结合海勒—奈特模型和杜利模型，在考虑外汇储备风险和收益的同时，综合考虑我国的贸易结构、外债结构、外商直接投资来源结构和汇率制度对我国外汇储备进行最优币种结构配置。最后得出比较合理的币种结构应该是美元占50%左右、欧元占20%左右、日元占17%左右、英镑及其他货币占13%左右。

第四，提出了关于外汇储备资产优化配置的新观点。在对我国外汇储备资产结构优化配置时，本书提出要从金融资产和非金融资产两个角度对中国外汇储备的资产组合进行配置。对于金融类资产组合的优化配置，要借鉴挪威外汇储备资产多层次管理的经验，针对不同需求动机建立不同投资组合。对满足交易性需求和预防性需求的外汇储备建立流动性组合；对满足盈利性需求、保证性需求以及超额外汇储备建立投资组合和缓冲组合。具体针对美元储备资产的配置上，提出要减少对美国国债的增持，对存量美元资产要在结构和期限上进行调整的建议。在保留必要金融类资产外汇储备规模的同时，要发挥其维持宏观经济稳定和创造较高收益的最大效应。可以考虑将外汇储备向三个非金融类资产方向转型：一是将部分外汇储备转化为黄金储备；二是将部分外汇储备转化为战略物资储备；三是将部分外汇储备转化为能够刺激经济增长的发展性储备。尤其在全球经济衰退加剧，各国经济增长速度下滑的背景下，将部分外汇储备转化为发展性储备来刺激本国经济发展，维持各项经济指标的稳定实现，是一项非常合理的举措。本书提出了利用外汇储备刺激本国经济发展的可能途径。

第五，对中投公司运作模式进行了较为深入的探讨。中国投资有限责任公司的成立标志着中国向积极的外汇储备管理迈进了一步。但是，这种模式在实际的操作中还存在一些问题。本书针对目前中投公司在运作模式、透明度、投资策略、投资方向和与外管局的关系方面的问题进行了分析并提出了相应的解决建议，以期进一步提高外汇储备积极管理的效益。

第2章 中国外汇储备规模现状及其对宏观经济的影响

2.1 中国外汇储备规模发展变化历程

从1982年起，我国开始对外公布国家外汇储备的数额。中国外汇储备从1982年发展至今，纵观其发展历程(表2-1及图2-1)，根据其变化趋势及特征，可以分为两个时期：一个是外汇储备规模较低时期；另一个是外汇储备规模持续增长时期。

2.1.1 外汇储备规模较低时期

1994年人民币汇率制度改革之前，中国储备资产规模基本上处于长期徘徊之中，总体规模较低。这一时期可以分为以下三个具体的阶段。

第一阶段(1982—1984年)：外汇储备小幅增长阶段。

这一阶段外汇储备规模有所增长，但是增长幅度小。由1982年的69.86亿美元上涨到1984年的82.2亿美元，经常项目顺差是外汇储备主要来源。1981年我国开始实行人民币贸易内部结算价，以鼓励出口，平衡国际收支，人民币贬值86.6%，从而遏制了需求弹性较大的消费品进口，有力地促进了出口的增长。但是由于出口商品的需求弹性较小，出口虽然有所增长，但是增长幅度有限。若非严格的进口外汇管制，贸易收支的微弱顺差就不可能实现。近三分之一的经常项目顺差来自旅游等非贸易收支顺差。

第二阶段(1985—1989年)：外汇储备余额减少阶段。

1985年至1989年这五年间，年平均外汇储备余额仅在30亿美元左右。由于贸易收支逆差严重，而非贸易收入和资本净流入又不足以弥补贸易收支逆差，所以不得不动用部分外汇储备。1985年，城市经济体制改革经济发展战略由内向型转换为出口导向型与进口替代型相结合，以“大进大出”为指导思想的沿海经济发展战略推动了进口增长。因此这期间进口额都大于出口额，贸易收支连年逆差，非贸易收支小幅顺差，基本上保持在年平均 15 亿美元左右，虽然每年资本项目平均净流入量将近 60 亿美元，但是仍然不够弥补经常项目逆差。

第三阶段(1990—1993 年)：外汇储备在波动中稳步上升阶段。

1990 年至 1993 年间，外汇储备呈现稳定上升趋势。1989 年和 1990 年我国两次下调人民币汇率，采取一系列紧缩性的货币政策和鼓励出口限制进口等调整政策，资本流入平稳。1990 年我国外汇储备首次突破百亿美元大关，1991 年又突破 200 亿美元大关，达到一个阶段性高位。但从 1992 年开始，宏观经济由紧缩转为扩张态势，并且由于外汇管理体制改革的深化，中国银行的外汇结存不再列入外汇储备，官方储备只包括国家外汇库存。所以，1992 年和 1993 年我国外汇储备规模较 1991 年略有减少。

2.1.2　外汇储备规模持续增长时期

1994 年以后，我国外汇储备规模开始了快速增长，这一时期的波动属于绝对量持续增长的同时出现的增长速度的波动。具体可分为以下四个阶段。

第一阶段(1994—1997 年)：外汇储备较快增长阶段。

这一阶段外汇储备每年平均以大约 300 亿美元的速度增加。1994 年，中国外汇管理体制进行了重大改革：实行汇率并轨，取消外汇留成制，实行银行结售汇制，成立银行间外汇交易市场。这些举措都极大地调动了国内企业出口和外商投资中国的积极性。尤其是官方汇率与外汇调剂市场汇率并轨，由并轨前的 1 美元兑换 5.80 元人民币调整到 1 美元兑换 8.70 元人民币，相当于人民币对外贬值了 33.33%，更使企业出口和外商投资有了更大的盈利空间，从而掀起了对外出口和外商投资中国的热潮，经常项目和资本项目都出现了很大顺差，国家外汇储备较快增长。截至 1997 年年底，中国外汇储备余额由 1994 年的 516.2 亿美元增长为 1 398.90 亿美元，增加近 3 倍，中国外汇储备进入较为宽松时期。

第二阶段(1998—2000 年)：外汇储备缓慢增长阶段。

1997 年下半年爆发了亚洲金融危机，国际经济金融形势发生了深刻变化。周边国家货币纷纷大幅度贬值，而中国为了维护亚洲经济金融稳定，坚持人民币不贬值。这使中国的出口遭受了严重冲击，出口额下降。再加上国际资本对亚洲及中国经济金融回升与发展缺乏信心，致使大批资本抽逃出中国，资本外逃现象十分严重。因此，从 1998 年起，中国外汇储备增量明显减缓。1998 年只增加了 50.69 亿美元，1999 年增加了 97.16 亿美元，2000 年也只增加了 108.99 亿美元。

第三阶段(2001年至今)：外汇储备快速增长阶段。

从2001年起，我国外汇储备规模开始快速增长。随着东南亚金融危机的平息，国际市场和世界投资的回暖，西方国家对我国的投资继续增加。另外，我国经济快速增长使经常项目和资本与金融项目都出现了巨额顺差，外汇储备进入了快速增长阶段。这一时期外汇储备的年平均增长率在37%以上。2006年2月底，中国外汇储备增长到8 536亿美元，超过日本成为全球外汇储备最多的国家；2006年年末，外汇储备突破万亿元大关；截至2008年12月末，国家外汇储备余额为19 460.30亿美元。

表2-1　1982—2008年外汇储备变动情况表

年份	外汇储备余额(亿美元)	外汇储备增长额(亿美元)	增长率(与上年比)(%)	年份	外汇储备余额(亿美元)	外汇储备增长额(亿美元)	增长率(与上年比)(%)
1982	69.86	42.78	157.98	1996	1 050.49	314.52	42.74
1983	89.01	19.15	27.41	1997	1 398.90	348.41	33.17
1984	82.2	−6.81	−7.65	1998	1 449.59	50.69	3.62
1985	26.44	−55.76	−67.83	1999	1 546.75	97.16	6.70
1986	20.72	−5.72	−21.63	2000	1 655.74	108.99	7.05
1987	29.23	8.51	41.07	2001	2 121.65	465.91	28.14
1988	33.72	4.49	15.36	2002	2 864.07	742.42	34.99
1989	55.50	21.78	64.59	2003	4 032.51	1 168.44	40.80
1990	110.93	55.43	99.87	2004	6 099.32	2 066.81	51.25
1991	217.20	106.27	95.80	2005	8 188.72	2 089.4	34.26
1992	194.43	−22.77	−10.48	2006	10 663.44	2 474.72	30.22
1993	211.99	17.56	9.03	2007	15 282.49	4 619.05	43.32
1994	516.20	304.21	143.50	2008	19 460.30	4 177.81	27.34
1995	735.97	219.77	42.57	—	—	—	—

数据来源：根据国家外汇管理局网站相关数据整理。

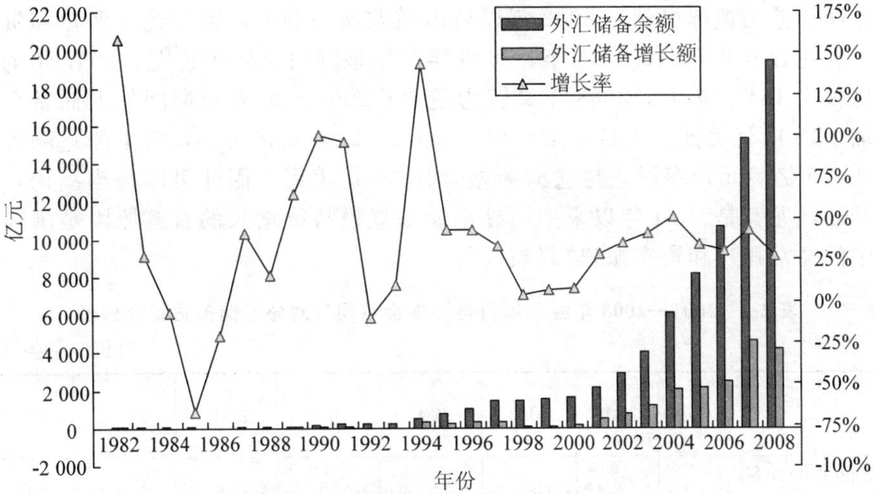

图 2-1　中国外汇储备规模变化趋势图

数据来源：根据国家外汇管理局网站相关数据整理。

2.2　巨额外汇储备形成的原因分析

我国外汇储备的快速增长是国内外因素相互作用的结果。我国外汇储备规模的演变是一种复杂的经济现象，在这一现象形成的过程中，既有主观的因素，又有客观的因素；既有国内的因素，又有国际的因素。这其中，国际收支“双顺差”格局、强制结售汇制度、汇率弹性不足、资本项目管制、储蓄过剩、发达国家对华的贸易政策以及亚洲金融危机的影响等是几个主要原因。在这些原因的共同作用下，外汇流入易、流出难，规模迅速扩大。下面将就我国外汇储备增长的原因，特别是就 2001 年以来外汇储备增长的原因进行分析。

2.2.1　外汇储备持续增长的直接原因

我国外汇储备持续增长的直接原因是我国国际收支的“双顺差”。外汇储备规模持续增长的直接原因要从外汇储备的供给因素考虑。理论上，一国储备的供给取决于该国当年的国际收支状况。根据国际收支平衡表的编制原理，储备资产增减＝经常账户差额＋资本账户差额＋净误差与遗漏。在我国的储备资产中，外汇储备占绝大部分且其他部分几乎没有变化，这种情况下，上式可以看成外汇储备的来源。我们对 2001—2008 年中国国际收支平衡表进行了简化汇总(参见表 2-2 和图 2-2)。可以看出，自 2001 年以来，我国经常账户和资本账户一直处于“双顺差”格局。在这 8 年中，经常项目顺差对外汇储备增长的平衡贡献率为 65％；资本项目顺差对外汇储备增长的平均贡献率为 34％。

净误差与遗漏虽然自2002年以后由逆差转为顺差，但与经常账户和资本账户相比数额并不大；2005年、2006年两年该项目又转为逆差，2007年的顺差也仅为164亿美元，2008年又转为逆差。2001—2008年期间外汇储备合计增加1 7805亿美元，来自经常账户顺差合计13 794亿美元，资本账户顺差合计3 926亿美元，净误差与遗漏顺差合计90亿美元。因此可以得出结论，改革开放，尤其是2001年以来中国外汇储备规模持续增长的直接原因是国际收支中的经常账户和资本账户“双顺差”。

表2-2　2001—2008年经常项目与资本金融项目对外汇储备贡献分析表

单位：亿美元

项目＼年份	2001	2002	2003	2004	2005	2006	2007	2008
外汇储备增加额（ΔFR）	465.91	742.42	1 168.44	2 066.81	2 089.40	2 474.72	4 619.05	4 177.81
经常项目顺差（ΔCA）	174.05	354.22	458.74	686.59	1 608.18	2 532.68	3 718.33	4 261.07
经常项目对外汇储备的贡献率（$\Delta CA/\Delta FR$）	37%	48%	39%	33%	77%	102%	80%	102%
资本项目顺差（ΔCFA）	347.75	322.91	527.26	1 106.59	629.64	66.62	735.09	189.65
资本项目对外汇储备的贡献率（ΔCFA/ ΔFR ）	75%	43%	45%	54%	30%	3%	16%	5%
净误差与遗漏	－48.56	77.94	184.22	270.45	－167.66	－129.49	164.02	－260.94

数据来源：根据国家外汇管理局历年国际收支平衡表整理。

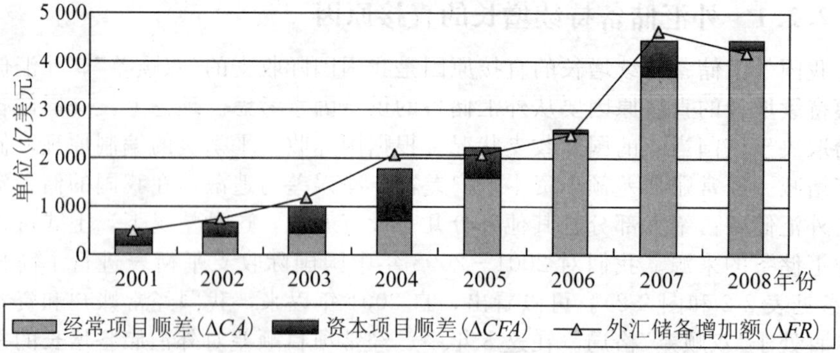

图2-2　2001—2008年经常项目顺差、资本项目顺差与外汇储备增加额变动趋势图

数据来源：根据国家外汇管理局历年国际收支平衡表整理。

其中，经常项目顺差主要源于出口的增长。在经常项目中主要有进出口贸易、服务贸易、投资收益和无偿转让。无偿转让的内容主要有国际组织往来、无偿援助和捐赠、侨汇及居民其他收入等，其值一直表现为顺差，但数额相对较小。投资收益在 2001—2004 年一直表现为逆差，2005 年虽然开始转为顺差但数额也不大。劳务贸易在 1993 年之后一直为逆差，并且数额有所增加。所以经常项目顺差主要来源于进出口贸易顺差。1994 年以后，我国进出口贸易一直保持顺差。据历年来外管局公布的国际收支平衡表统计数据可知，2001—2008 年我国进出口贸易顺差分别为 340 亿美元、442 亿美元、447 亿美元、590 亿美元、1 342 亿美元、2 177 亿美元、3 154 亿美元和 3607 亿美元；分别占当年经常项目顺差的 195％ 、124％、97％、86％、83％、86％、85％和 85％。可见，贸易顺差是我国经常项目顺差的主要原因，对外汇储备的增加起着很大作用。

资本项目顺差主要是外商直接投资(FDI)的持续增加所致。近年来，世界经济低迷，但我国仍是世界上经济增长最快的国家之一，加上人民币汇率保持稳定，增强了外国投资者到中国进行投资的信心；同时，各地不断出台吸引外资的优惠政策，招商引资的力度不断加大，投资环境不断改善，吸引了世界各地的投资者；另外，美元贬值，使得非美元区国家对华投资变得有利可图，降低了在华投资的成本；此外，我国生产要素价格未达到市场化程度，如土地的售价偏低等，这都大量吸引了外商投资企业的资金。根据联合国贸易和发展会议的统计，我国吸引的外商直接投资自 1993 年以来始终名列发展中国家之首，2003 年中国超过美国成为世界第一大 FDI 引进国。我国作为亚太地区最具增长潜力的新兴市场，近年来资本流入一直保持较高规模，这是资本项目顺差的主要原因。

2.2.2　外汇储备持续增长的制度原因

我国外汇储备持续增长的制度原因主要是强制结售汇制、汇率制度弹性不足以及资本项目管制。

1994 年年初，我国实现了汇率并轨，采取了单一汇率制度，在对资本与金融项目实行严格管制的同时，对经常项目实施强制的结售汇制度。在该制度下，规定除了允许部分外商投资企业开设外汇现汇账户外，对于法人机构所获得的属于经常项目的外汇收入，必须及时足额地出售给国家外汇指定银行；国家对各外汇指定银行实行头寸管理，即各外汇指定银行必须把超过头寸部分的外汇在银行间外汇市场上抛出，中国人民银行在银行间外汇市场中设有中央银行外汇操作室，随时购入银行间市场上溢出头寸部分的外汇。这样便使得本应由企业或银行持有的外汇资产转移到了政府手中，限额以外的外汇将最终转化为中央银行的外汇储备，从而使外汇储备数额不断增长。但是随着我国金融制度的改革，外汇管制在逐渐放松。正是由于外汇储备的超常增长，我国于2008年8月1日通过了《中华人民共和国外汇管理条例(修订草案)》(又称《新外汇管理条例》)，取消了经常项目外汇收入强制结售汇要求，经常项目外汇收入可按规定保留或卖给金融机构等。但是不可否认，实施了14年之久的强制结售汇制是导致我国外汇储备迅速增加的制度性原因之一。

外汇储备持续增长的另一个制度性原因是人民币汇率弹性不足。自1997年东南亚金融危机后，为规避外汇风险、维护金融体系平稳运行，我国货币当局将人民币钉住美元，实行钉住美元的固定汇率制。到2005年汇制改革之前，美元对人民币的汇率一直保持在8.27左右不变，汇率制度极其缺乏弹性。自2005年7月21日进行了汇率制度改革，一次性将人民币升值2%(1美元兑换8.11元人民币)以来，人民币不断升值。但是，维持汇率稳定依然是我国政府的宏观经济目标之一。因此，为了维持人民币币值稳定，中国人民银行最终成为了外汇市场上的市场出清者，在美元供给大于需求的情况下，央行被迫在外汇市场上吸收对外贸易和外国投资增长所带来的美元，以便保持外汇市场上的供求平衡，这就导致了外汇储备的被动增加。另外，汇率安排缺乏弹性，导致投机资本大量进入。由于人民币汇率基本固定，当国内外利率出现差异时，便导致单边套利机会的出现。2001年下半年以来，本币、外币正利差和人民币升值预期的吸引造成了更多的短期资本流入，最终导致了更多的外汇储备积累。

对资本项目进行管制是外汇储备持续增长的又一个制度性原因。1996年12月1日，人民币实现了经常项目的自由兑换，但资本项目还没有完全放开。对照IMF确定的资本项目下的43个交易项目，我国完全可兑换和基本可兑换(经登记或核准)的有12项，占28%；有限制的16项，占37%；暂时禁止的有15项，占35%。直到2008年新外汇管理体例公布之前(修改后的条例为拓宽资本流出渠道预留了政策空间)，国家在管制上实行的一直是“鼓励资本流入、限制资本流出”的政策，导致我国资本项目的非均衡发展。强制结售汇制和资本项目管制大大地抑制了我国企业和居民对外汇的需求。一方面外汇供应源源不断；另一方面潜在的需求受到压制，使得我国外汇市场长期处于供大于求的状况。

2.2.3 外汇储备持续增长的宏观经济根源

我国外汇储备持续增长的宏观经济根源是我国的储蓄过剩。

根据国民经济核算，有下列恒等式：

$$\mathrm{GDP} = C + S + T = C + I + G + (X - M) \tag{2-1}$$

其中，GDP表示国民生产总值，C表示消费，S表示储蓄，T表示政府收入，I表示投资，G表示政府支出，$(X-M)$表示净出口。

一般假设政府收入等于政府支出，即 $T=G$，那么，以上恒等式可转化为

$$S-I=X-M \tag{2-2}$$

该式的含义是，当 $S>I$ 时，存在净出口，实质上是储蓄净输出，在国际收支上表现为储备资产增加；当 $S<I$ 时，存在净进口，实质上是储蓄净输入，在国际收支上表现为储备资产减少。外汇储备增长是一国对外经济不均衡的反映。郭树清(2004)认为，对外经济不均衡本质上是国内经济运行不均衡的外在反映。

根据对 1994 年人民币汇率并轨以来我国储蓄率和投资率分析可以发现，我国的储蓄率始终大于投资率，特别是 2006 年储蓄率减投资率缺口创出新高，达 7.4 个百分点(表 2-3)。储蓄率大于投资率，存在两种基本情形：一是投资率过低，储蓄不能顺利转化为投资；二是储蓄率过高，消费不足。就我国的具体情况来看，我国的投资率已经很高，1986 年，我国的投资率为 37.5%，2006 年上升到 42.7%，2007 年投资率进一步升到 45%。特别是 2003—2007 年的 5 年间，投资率都超过了 40%。因此，在这种情况下，储蓄大于投资主要是消费不足造成的。1986 年，我国的消费率为 64.9%，2006 年降至 49.9%，处于改革开放以来的最低水平，2007 年进一步降低到 48.8%。按照世界银行的统计，目前全球的平均消费率约 77%(美国消费占 GDP 的份额为 86%，德国为 78%，日本为 75%)。2007 年，我国的消费率比世界平均水平低 28 个百分点。更令人感到触目惊心的是，目前的中国消费率不仅远远落后于美国等一些发达国家，甚至和印度等发展中国家相比也有相当大的差距。

造成我国消费不足，从而储蓄率过高的原因是：首先，与发达国家相比，我国居民收入尤其是农民收入仍处于相对较低的水平，居民消费率较低；其次，社会保障体制改革尚未完全到位，我国进行的住房、医疗、养老等社会福利制度的改革，使原来由社会和单位负担的费用逐渐转向由个人负担，从而使居民预期支出增加；再次，近年来我国不断加大教育产业化的进程，使居民教育费用的支出持续增加，这都使居民预防性储蓄增加，从而影响国内需求和消费水平提升到更高层次；最后，国内金融市场发育程度不高，也影响了国内储蓄向投资转化的效率。

综上分析，我国储蓄率过高、消费不足，这正是近年来我国外汇储备持续高速增长的宏观经济根源。

表 2-3　中国储蓄率、投资率情况表　　单位：%

年份	投资率	消费率	储蓄率	储蓄率—投资率
1986	37.5	64.9	35.1	−2.4
1987	36.3	63.6	36.4	0.1
1988	37.0	63.9	36.1	−0.9

续表

年份	投资率	消费率	储蓄率	储蓄率—投资率
1989	36.6	64.5	35.5	—1.1
1990	34.9	62.5	37.5	2.6
1991	34.8	62.4	37.6	2.8
1992	36.6	62.4	37.6	1
1993	42.6	59.3	40.7	—1.9
1994	40.5	58.2	41.8	1.3
1995	40.3	58.1	41.9	1.6
1996	38.8	59.2	40.8	2
1997	36.7	59.0	41	4.3
1998	36.2	59.6	40.4	4.2
1999	36.2	61.2	38.8	2.6
2000	35.3	62.3	37.7	2.4
2001	36.5	61.4	38.6	2.1
2002	37.9	59.6	40.4	2.5
2003	41.0	56.8	43.2	2.2
2004	43.2	54.3	45.7	2.5
2005	42.6	51.9	48.1	5.5
2006	42.7	49.9	50.1	7.4
2007	45.0	48.8	51.2	6.2

资料来源：根据中华人民共和国国家统计局网站统计数据进行整理。

2.2.4 外汇储备持续增长的外部原因

中国外汇储备持续增长除了有自身经济结构和经济制度方面的原因外，还有一系列国际性的因素。外汇储备持续增长的外部原因主要有发达国家对中国的贸易政策、亚洲金融危机的影响以及美元贬值的影响。

首先，发达国家对出口到中国的产品政策，是导致我国的外汇储备增长的外部原因之一。根据国际贸易理论中的国际分工和比较优势原理，美国等发达国家与中国相比，其比较优势存在于资金技术密集的高新技术产业。同时，我国对西方国家的高新技术产品、某些重要战略物资也存在着巨大的需求。但美国、欧盟、日本等发达国家在对华贸易中仍然一如既往地继续采取遏制中国的政策，对本国企业向中国出口高新技术设备及战略物资设置了重重障碍和种种限制。虽然我国早已加入 WTO，但是美、欧、日等发达国家对我国的进口管制非但没有放松，反而变得更加严厉。发达国家的对华贸易政策，在客观上进一步使我国在对外贸易中的顺差加大，从而使我国的外汇储备规模变得更加庞大。

其次，1997 年亚洲金融危机的爆发充分暴露了国际资本流动冲击的风险和危害，为此，世界各国在危机后均纷纷有意加紧充实外汇储备，以防不测。其中，发展中国家的外汇储备增长明显快于发达国家，而亚洲又是发展中国家外汇储备增长的主要来源。2000 年东亚地区的外汇储备已经超过了 1 万亿美元，到 2004 年更是达到了将近 2 万亿美元的规模，约占全球外汇储备的一半。发生了危机的国家如日本、韩国在 1997 年以后，都大幅增加了外汇储备量，而即使在危机中幸免于难的地区如中国台湾、中国香港外汇储备也增加得很快，如表 2-4 所示。我国在 1998 年成功捍卫了香港的金融市场，保证了香港金融的稳定，但也付出了不少代价。受到亚洲金融危机的前车之鉴，“多储备一点外汇”为我国政府近几年外汇储备管理的指导思想。

表 2-4　1997 年亚洲金融危机前后部分国家(地区)外汇储备变化情况

单位：亿美元

国家和地区 / 年份	日本	中国台湾	韩国	中国香港
1997	2 208	835	204	928
1998	2 159	903	52	896
1999	2 881	1 062	741	963
2000	3 616	1 067	962	1 076
2001	4 020	1 222	1 028	1 112
2002	4 697	1617	1 214	1 119
2003	6 735	2 066	1 554	1 184

数据来源：国际货币基金组织年度报告。

最后，自“9·11”事件之后美元开始呈疲软趋势，美元结束长达 10 年的升值周期，转入贬值周期。由于 2005 年汇改前中国人民币汇率是钉住美元的，造成人民币相对其他非美元货币，如欧元、日元及瑞士法郎等贬值，从而我国对使用这些货币的国家的出口就相应增加。另外，由于人民币相对其他非美元区货币贬值，使得美元区国家宁愿从我国进口，也不愿加大成本从非美元区进口，从而使我国对美元区国家的出口也相应增加。据中国商务部统计，2002 年我国出口总额为 3 255.7 亿美元，比上年同期增长 22.3％，此后几年我国的出口一直保持较高的增长速度，2003 年增长 34.6％、2004 年增长 35.4％、

2005 年增长 23.2%、2006 年增长 27.2%，2007 年出口总额为 12 180.2 亿美元，增长 25.7%。

由此可见，我国外汇储备快速增长是多方面原因是共同作用的结果。但是正如任何制度都是一把“双刃剑”一样，外汇储备的迅速增长对国民经济的发展具有双面的作用。

2.3 巨额外汇储备对中国宏观经济的影响

外汇储备的规模变动会对国民经济产生诸多影响。目前，中国巨额的外汇储备规模对国民经济既有一定的正面影响，也有诸多的负面影响。

中国持续增长的外汇储备规模对国民经济的积极作用主要表现在以下方面。首先，它有利于提高人民币的货币地位，是人民币资本项目下可自由兑换的保证，同时也能够促进人民币的国际化进程。其次，充足的外汇储备能够增强中国调节国际收支的能力，增强中国实施宏观经济调控的能力。再次，它是中国国际清偿力的体现，是中国对外经济交往的保证，能够提高中国的国际资信水平，提高中国在国际经济政治交往中的地位。最后，目前中国的外汇储备水平还有利于中国企业实施“走出去”战略。特别是在当前国际金融危机持续蔓延、不断加深之时，我国充足的外汇储备无疑对于应对危机增加了强大抵御能力。

如上所述，巨额的外汇储备确实能够为中国经济发展带来诸多积极作用，但当前中国巨大的外汇储备规模也给我国经济带来了一系列不利影响。目前中国外汇储备规模过度的种种不利影响已经初见端倪。本节将从以下四个方面分析这些不利影响。

2.3.1 外汇储备持续增长对货币供应量的影响

在国际经济失衡的背景下，中国国际收支近年来持续双顺差，外汇储备不断攀升，外汇储备的增加，导致外汇占款的增加，进而引起基础货币的增加，而基础货币的增加又通过货币乘数引起货币供应量的成倍增加。上述过程可以简略地表示为：

外汇储备增加⇨外汇占款上升⇨基础货币增加⇨货币供应量增加

为了更方便地分析外汇储备对基础货币投放及货币供给的影响，可以将中央银行的资产负债表写成下面的简表形式：

表 2-5　中央银行资产负债简表

资产	负债
国外净资产 FA	流通中的现金 C
对金融机构债权 1	金融机构存款准备金 M
对政府债权 2	政府存款 5
对非金融机构债权 3	非金融机构存款 6
其他资产 4	其他负债(包括资本) 7

用 B 来代表基础货币，根据资产负债的会计恒等式，有：

$$B=C+M=FA+1+2+3+4-5-6-7$$
$$=FA+1+(2-5)+(3-6)+(4-7) \quad (2\text{-}3)$$

可见，影响基础货币的因素有五个：

第一，中央银行的国外净资产 FA；

第二，中央银行对商业银行等金融机构的再贴现及贷款 1；

第三，中央银行对政府的净债权 2－5；

第四，中央银行对非金融机构的净债权 3－6；

第五，中央银行其他债权净额 4－7。

可以将影响外汇储备的后四个因素合在一起，视为国内净资产，即国内信贷(包括对金融机构债权、对政府的净债权、对非金融机构的净债权和其他净债权)，用 D 表示，即 $D=1+(2-5)+(3-6)+(4-7)$。

中央银行的国外净资产 FA 由外汇占款、货币黄金和在国际金融机构的净资产三个部分构成。外汇占款是指中央银行为收购外汇所投放的资金。我国中央银行的国外净资产主要由外汇占款构成，货币黄金和国际金融机构的净资产仅占了很小一部分。特别是 1994 年外汇体制改革以来，随着我国外汇储备的增加，外汇占款的投放量几乎和国外净资产相等。

表 2-6　外汇占款在国外净资产中的比重　　单位：亿元人民币

年份	外汇占款	国外净资产	比率(%)	年份	外汇占款	国外净资产	比率(%)
1995	6 774.5	6 669.5	101.6	2002	23 223.3	23 242.9	99.9
1996	9 578.7	9 562.2	100.1	2003	34 847.0	31 141.9	111.9
1997	13 467.2	13 229.2	101.8	2004	52 592.6	46 960.1	112.0
1998	13 728.3	13 560.3	101.2	2005	71 211.0	63 339.2	112.4
1999	14 792.4	14 458.5	102.3	2006	98 980.3	85 772.6	115.4
2000	14 291.1	15 582.8	91.7	2007	128 377.3	124 825.18	102.9
2001	17 856.4	19 860.4	89.9	2008	168 431	162 543.52	103.6

数据来源：根据中国人民银行网站数据(http：//www.pbc.gov.cn)和中经网统计数据库数据计算整理。

根据表2-6计算的外汇占款同国外净资产的比率可以看出，我国外汇占款与国外净资产额度基本上是相等的。因为本书只是通过国外净资产来分析基础货币的构成，并不需要国外净资产的精确数值。所以，为分析方便，本书将用外汇占款代替国外净资产进行计算分析。因此，基础货币＝外汇占款＋国内信贷。用 R 表示外汇占款，则：

$$B=R+D \quad (2\text{-}4)$$

从上式可以明显看出：基础货币是外汇占款的同向线性函数，即在假设其他变量不变的情况下，外汇占款的增加直接造成基础货币的等量增加。

进一步的，中央银行发放的基础货币 B 在整个金融银行系统流通中有一个放大的过程，假设货币乘数为 k，那么：

货币供给量 $$M=k\cdot B \quad (2\text{-}5)$$

式中，M 表示货币供应量；k 表示货币乘数。

综上可得：

$$M=(R+D)\cdot k \quad (2\text{-}6)$$

假定 k 和 D 不变，则 M 的增减取决于 R（外汇占款），而外汇占款的增加是由国家外汇储备的增加引起的，因而外汇储备变动是决定中央银行货币供应的一个重要因素。从以上的分析中可以知道，外汇储备的增加导致外汇占款的增加，进而引起基础货币的增加，而基础货币的增加又通过货币乘数的作用引起货币供应量的成倍增加。

具体到我国外汇储备增长对货币供应量的影响情况可以见表2-7和图2-3。从表2-7和图2-3中可以看出，外汇储备、外汇占款、基础货币和货币供应量的变动趋势基本上是一致的。

表2-7 我国历年外汇储备、外汇占款、基础货币和货币供应量

年份	外汇储备（亿美元）	外汇占款（亿人民币）	基础货币（亿人民币）	外汇占款占基础货币比率（%）	货币供应量（M2）（亿人民币）
1993	211.99	875.54	13 190.1	6.6	34 879.8
1994	516.20	4 481.8	15 352.2	29.2	46 923.5
1995	735.97	6 774.5	18 246.2	37.1	60 750.5
1996	1 050.49	9 578.7	23 789.7	40.3	76 094.9
1997	1 398.90	13 467.2	27 096	49.7	90 995.3
1998	1 449.59	13 728.3	26 808.8	51.2	104 498.5
1999	1 546.75	14 792.4	29 798.3	49.6	119 897.9
2000	1 655.74	14 291.1	31 957.3	44.7	134 610.4
2001	2 121.65	17 856.4	33 957.8	52.6	158 301.9

续表

年份	外汇储备（亿美元）	外汇占款（亿人民币）	基础货币（亿人民币）	外汇占款占基础货币比率(%)	货币供应量(M2)（亿人民币）
2002	2 864.07	23 223.3	37 528.6	61.9	185 007
2003	4 032.51	34 847.0	43 514.9	80.1	221 222.8
2004	6 099.32	52 592.6	53 245.6	98.8	254 107
2005	8 188.72	71 211.0	64 245.2	110.8	298 755.7
2006	10 663.44	98 980.3	77 598.0	127.6	345 603.6
2007	15 282.49	128 377.3	101 387.4	126.6	403 442.2
2008	19 460.30	168 431	129 222.3	130.3	475 166.6

数据来源：基础货币、外汇储备的数据来自中国人民银行网站统计数据（http://www.pbc.gov.cn）；外汇占款、货币供应量数据来自于中经网统计数据库。

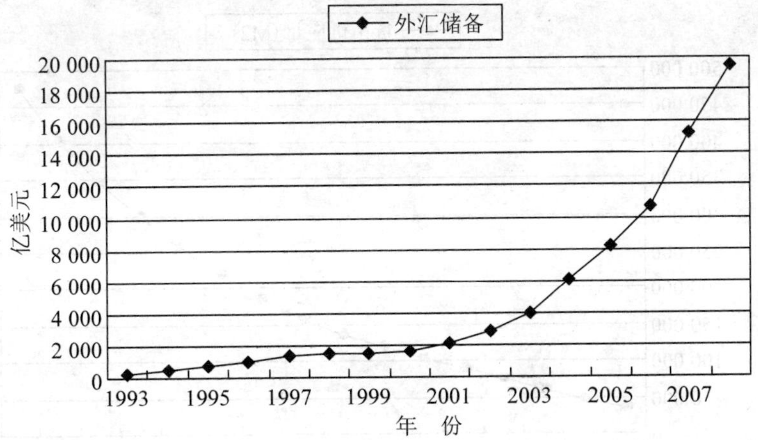

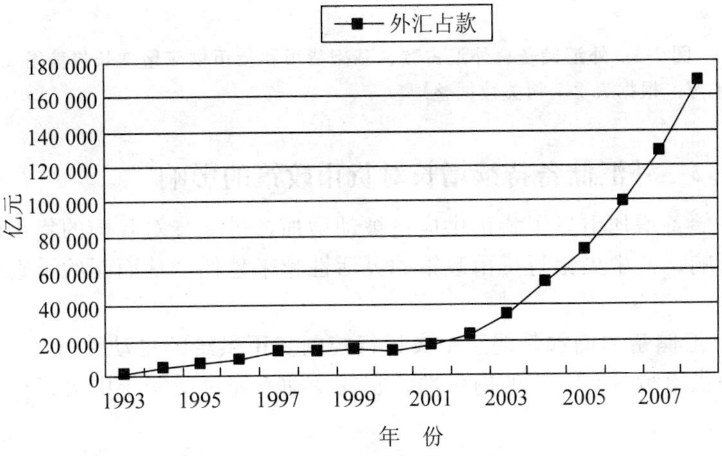

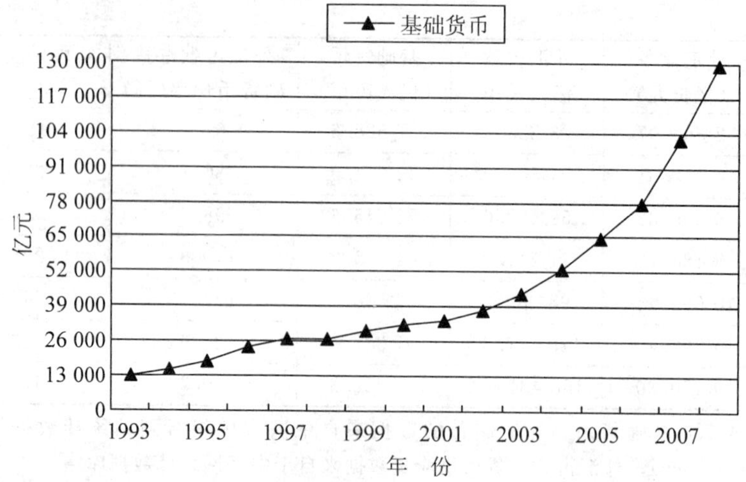

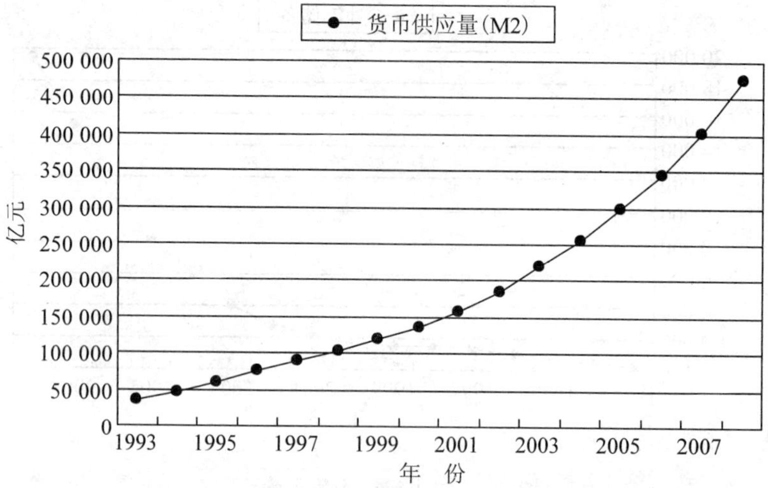

图 2-3 外汇储备、外汇占款、基础货币和货币供应量增长趋势图

数据来源：根据表 2-7 相关数据整理。

2.3.2 外汇储备持续增长对货币政策的影响

外汇储备增加引发了货币供应量被动增加，进一步对我国的货币政策的实施产生影响，使中央银行货币政策的灵活性越来越低，从而制约了宏观金融调控效果。

1. 外汇储备的增加削弱了中央银行控制货币供给的主动性

货币供给量具有一定的内生性，它的变动不完全受制于中央银行的货币政策，还要受制于其他客观经济过程。外汇占款就是指中央银行为收购外汇所投放的本币资金，对于这部分以外汇占款的形式增加的基础货币，中央银行只能被动接受。由于我国实行的是有管理的浮动汇率制，并不是完全的浮动汇率制度，当面对巨额外资流入的情况下，如果中央银行不采取相应措施来干预外汇市场，汇率由于受市场供求的影响将会有一定程度的升值压力，这就迫使中央银行不得不在外汇市场买进外汇抛出本币以维持汇率的稳定。所以，我国的货币供应量将随着外汇储备的增加，导致内生性的扩张。正如表 2-7 所显示的，从外汇占款与基础货币间的关系，可以清楚地看到这一点。外汇占款在基础货币中所占的比重越大，我国货币供给具有的内生性越强。

在外汇储备激增的情况下，外汇占款在基础货币投放中所占有的比重越来越大，自 1998 年之后，外汇占款就基本上成为基础货币投放的主要方式。这导致了以外汇为渠道货币发行比重的提高，从而强化了本国货币制度对外汇储备以及可兑换货币的依赖程度。外汇渠道的人民币发行成为刚性的，并成为确定货币发行渠道构成的首要条件，这无疑从体制上强化了货币发行的内生性，从而削弱了中央银行调控货币供给的主动性。

如表 2-7 所示，截至 2008 年年底，我国外汇占款在基础货币中的比重达到 130%。说明央行为了减少外汇占款在基础货币中的比重，不得不减少了对金融、政府、非金融机构等部门的净债权等国内信贷部分的投放量。

随着外汇储备越来越多，外汇占款也越来越成为基础货币投放的主要渠道，中央银行对这种投放渠道的依赖性也就越强。但是这种投放渠道存在可持续性、可调节性较差的缺点，因为应用外汇占款投放基础货币的时候，主要取决于外汇储备的增长情况，而不能根据经济发展的需要进行调节。外汇储备持续增长时，经济运行所需的基础货币虽然能够保证投放，但是当外汇储备增长放缓时，由于中央银行在基础货币投放方面已经形成对外汇储备的依赖，货币政策却往往不能及时进行调整，很可能对经济产生不利的影响。

2. 外汇储备增加改变了货币供给结构

首先，外汇储备增加会使货币投放在外向型企业和内向型企业间的分配比例严重失调。随着外汇占款的不断增多，中央银行需要通过回收再贷款进行冲销操作，才能保证货币供应量不至于出现大的波动。而这种冲销操作就可能会使货币供给结构发生变化，即出口创汇的外向型企业可以通过结售外汇而轻易获得人民币资金，而内向型企业由于中央银行对商业银行再贷款的回收，他们对信贷资金的需求可能因此被遏制。

其次，外汇储备增加会使货币供给的地区分配出现失衡现象。对外开放程度高的沿海发达地区，资金供应会变得相对充足，而对外开放程度低的地区，资金供应就会相对短缺，即在对外开放程度不同的地区之间会出现资金失衡现象。在这一体制下，沿海地区出口行业能够获得相对较为充裕的人民币资金，而在内地，非出口行业则会出现严重的人民币短缺。货币分布的不平衡使宏观金融调控的难度加大，宏观金融调控的效率降低。

3. 外汇储备增长使中央银行外汇冲销干预难度加大

一国的基础货币投放主要有国外净资产和国内信贷两种渠道。冲销政策的操作就是当国外净资产增加时，通过对国内信贷净额做出等额的反向变动来抵消。通过外汇冲销措施，可以减少外汇储备大量快速增长对货币供应造成的巨大压力。目前可供中央银行进行冲销操作的工具有实行公开市场操作、减少对存款货币机构的债权、调整法定准备金率来影响货币乘数、转移公共存款四种。理论上来说，中央银行可以采取以上四种措施冲销外汇占款增加对货币投放产生的影响。但实际上，每一种冲销措施都有一定的弊端，都会不同程度地受到我国实际经济和金融环境制约。当前我国采用的冲销措施相互之间缺乏有机的配合，并且具有临时性、单一性和强制性等特征。此外这些措施操作起来都或多或少地有一定局限性，冲销措施的效用因此也大打折扣。

2.3.3 外汇储备持续增长对物价水平的影响

1. 外汇储备增长对物价影响的文献综述

关于外汇储备增长物价的影响，国外侧重于长期分析，国内则侧重于短期分析。国外学者侧重于从长期考察外汇储备与物价波动之间的关系，主要有Heller(1976)、Khan(1979)、Mohsen 和 Janardhanan(1997)等。他们的结论是：外汇储备与通货膨胀存在正相关关系。

国内有学者侧重于短期分析。我国外汇储备超常增长究竟会对我国物价指数带来怎样的影响以及影响程度会有多大？对于这个问题，不同的学者有不同的见解。戴有根(1995)不认为外汇储备增加是推动我国20世纪90年代通货膨胀的主要原因；王传纶、阎先东(1998)研究得出，外汇储备和物价指数不存在相关关系；夏斌、廖强(2004)认为外汇占款不一定会影响国内通货膨胀水平，近年来的货币供应量变动与国内通货膨胀变动并不一致；刘荣茂、黎开颜(2005)认为，1981—1996年的外汇储备变动不是通货膨胀波动的原因，而2003年1月至2004年6月间外汇储备变动与通货膨胀弱相关；邵学言、郝雁(2004)认为，外汇储备变动与物价变动正相关，但影响强度不大，物价变动还受其他因素影响。但是国内也有很多学者不同意这种观点，封建强、袁林(2000)认为短期内外汇储备增长与物价变动不存在相关关系，但长期内，外汇储备增加会扩大货币投入，从而引起物价上涨；王元龙(2004)认为，外汇储备增加是以增加中央银行外汇占款形式的基础货币投放为代价的，基础货币投放速度加快将影响和制约中央银行的金融调控能力；胡祖六(2004)指出，外汇储备资产的不断增加，迟早会导致货币供应与信贷的过度扩张，引发通货膨胀，从而使当局对外汇市场的干预徒劳无功；安佳(2005)认为，2004年我国物价指数的升幅为 4.7%，从数字上尚且不足考虑，但是这个数字是我国政府采取了各种调控手段的结果，尤其是中央银行通过大规模的公开市场操作使货币回笼，实际上这种控制政策下的价格稳定并不表示价格上涨压力的减轻。

综合国内外学者的研究，结论大致有二：一种结论认为外汇储备与物价水平之间没有相关关系；另一种结论认为外汇储备与物价水平之间有相关关系。本书将从理论分析与实证检验两个方面来对我国外汇储备增长与物价水平关系进行研究。

2. 基于货币数量论的理论分析

参考和修正 Kumhof(2004)的理论模型，假设实行固定汇率制度、资本项目管制和强制结售汇制的条件下，中央银行、企业和居民通过金融市场的交易调整资产负债结构，则国际收支平衡阶段(此阶段设为 t_0)：

根据费雪方程式得

$$P_0 = M_0 V_0 / Y_0 \tag{2-7}$$

式中，P_0 为 t_0 阶段的物价水平；M_0 为 t_0 阶段流通中的货币量；V_0 为 t_0 阶段货币流通速度；Y_0 为 t_0 阶段的社会总产出。

国际收支盈余阶段(此阶段设为 t_1)：

设 t_1 阶段国际收支顺差余额 Δf_1，货币乘数为 k，此时中央银行外汇储备余额 $f_1 = f_0 + \Delta f_1$；若此阶段名义汇率为 E，则货币供应量被动增加 $k \cdot \Delta f_1 \cdot E$；设新增外汇占款流入商品和劳务市场的比率为 x，由此形成外汇占款压力为 $x \cdot (k \cdot \Delta f_1 \cdot E)$，原方程(2-7)变为

$$P_0 + \Delta P_1 = (M_0 + x \cdot k \cdot \Delta f_1 \cdot E) \cdot V_1 / Y_1 \tag{2-8}$$

假定货币流动速度不变($V_1 = V_0$)，且不存在外部冲击($Y_1 = Y_0$)，则式(2-8)减去式(2-7)得

$$\Delta P_1 = (x \cdot k \cdot \Delta f_1 \cdot E) \cdot V_0 / Y_0 \tag{2-9}$$

式(2-9)表明，因为 $\Delta f_1 > 0$，所以 $\Delta P_1 > 0$，即外汇储备增加会造成货币供应量被动地增加，进而产生通货膨胀效应，引发物价水平上升。

3. 我国外汇储备增长对物价影响的实证检验

具体到我国的实际情况，短期内由于中央银行的干预，并未出现随着外汇储备持续、大幅增长，我国物价水平出现暴涨的现象。这其中的主要原因是：中央银行通过一系列的反向操作，如减少对金融机构、政府及非金融机构的债权、发行中央银行票据回笼货币，来抵消外汇储备增长对增加货币投放的压力。由于中央银行的干预，外汇储备的增长对物价上涨并没有造成太大的压力。

下面分析中央银行的实际干预情况。根据中央银行的净资产负债表(表 2-8)，可以绘制出图 2-4 和图 2-5。

表 2-8 中央银行净资产负债表 单位：亿元人民币

年份	国外净资产	货币发行	对政府净债权	对金融机构净债权	对非金融机构净债权
1994	4 451.3	7 883.9	854.4	3 252.6	－1 137.3
1995	6 669.5	8 574.0	609.4	2 019.4	－1 833.2
1996	9 562.2	9 434.9	357.4	281.2	－2 413.1
1997	13 229.2	10 981.1	96.9	315.3	－3 365.8
1998	13 560.3	12 064.1	－143.3	1 276.1	－4 422.7
1999	14 458.5	15 069.8	－202.7	4 478.5	－3 720.3
2000	15 582.8	15 938.3	－1 517.6	6 100.5	－4 423.9
2001	19 860.4	16 868.7	－29.2	2 769.8	－5 698.4
2002	23 242.9	18 589.1	－221.6	389.5	－7 204.0
2003	31 141.9	21 240.5	－2 053.7	－3 319.2	－8 836.5
2004	46 960.1	23 104.0	－2 862.6	－16 383.5	57.0
2005	63 339.2	25 854.0	－4 634.8	－12 473.2	－31.2
2006	85 772.6	29 138.7	－7 354.3	－19 992.8	－93.6
2007	124 825.2	32 971.6	－803.4	－47 580.7	－94.4
2008	162 543.5	37 115.8	－767.85	－71 821.4	－547.1

资料来源：1994—1998 年的数据根据《中国金融年鉴》计算得出；1999—2008 年的数据根据中国人民银行网站统计数据中的“货币当局资产负债表”编制而成。

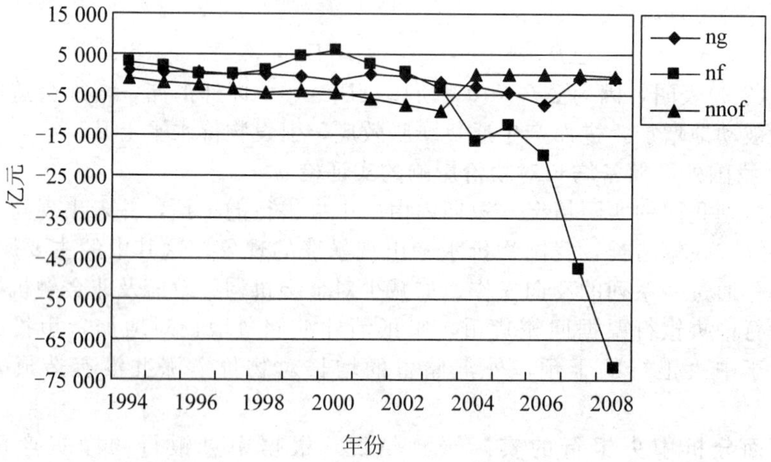

图 2-4 中央银行对政府、金融机构和非金融机构的净债权变动趋势图

数据来源：根据表 2-8 中相关数据整理绘制。

图 2-4 中，nf 表示中央银行对金融机构的净债权，ng 表示中央银行对政府部门的净债权，nnof 表示中央银行对非金融机构的净债权。

图 2-4 显示：①中央银行对政府部门净债权、对金融机构净债权和对非金融机构净债权总体呈下降趋势；②除 2001 年、2007 年和 2008 年有小幅回升外，中央银行对政府部门的净债权几乎一直在减少，且在 1997 年以后一直为负值；③除 2004 年外，中央银行对非金融部门的净债权一直是负值，中央银行对非金融部门的债权在 2003 年以前一直呈下降趋势，虽然 2004 年出现回升势头，但是接着又下降；④1994—1996 年中央银行对金融机构的净债权一直保持下降态势，自 1996 年后开始回升，但这种态势仅仅维持到 2000 年，达到这几年的最高点(6 100.5 亿元)后持续下降，自 2003 年开始出现负值，尤其在 2008 年达到了－71 821.4 亿元的历史低点。

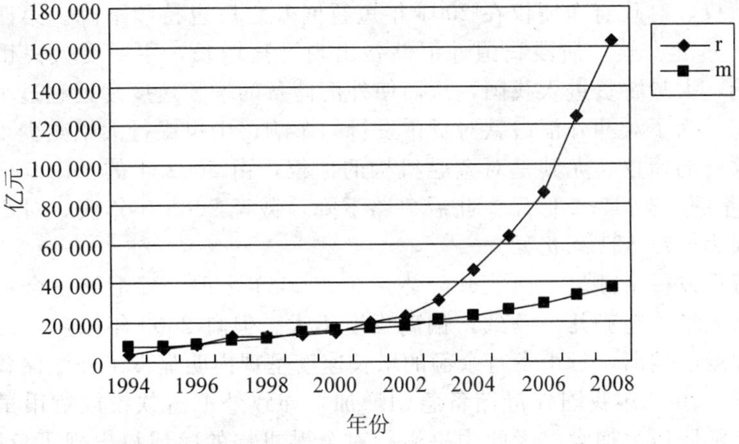

图 2-5　国外净资产(外汇储备)与货币发行变动趋势图

数据来源：根据表 2-8 中相关数据整理绘制。

图 2-5 中 r 表示中央银行对国外净资产(通过前面的分析，可以用其代表外汇储备的变动)，m 表示中央银行的货币发行。

图 2-5 显示：①我国外汇储备的增长与货币发行量的增长存在一定程度上的一致性，2003 年之前表现尤其明显。在中央银行对政府部门净债权、对金融机构净债权和对非金融机构部门的净债权总体下降的背景下，货币发行却一直在增长。这一现象说明货币发行的增长完全依赖于外汇储备增长的支撑，即货币的发行主要是通过外汇占款形式流到经济中去，而不是通过中央银行增加对政府部门、金融部门和非金融部门的贷款实现的。

②货币发行的增长趋势较为平衡，而外汇储备的增长从图上明显可以分为四个阶段。第一阶段为 1994—1997 年。1994 年年初我国外汇管理体制进行了重大改革，外汇储备数量随之出现了大幅度增长。1994—1997 年，我国货币

发行增长速度低于外汇储备增长速度。外汇储备增长较快会使中央银行资产规模增长太快而导致通货膨胀，为了避免通货膨胀的发生，中央银行必然会进行一些反向操作，比如减慢中央银行其他资产的增长速度或减少对其他资产的净头寸。图 2-4 显示的我国实际情况与上述分析正好吻合。1994—1997 年是我国外汇储备快速增长时期，这一时期也是中央银行对政府部门净债权、对金融机构净债权和对非金融机构净债权同时下降的时期。第二阶段为 1997—2000 年。在此阶段，我国外汇储备增长受东南亚金融危机影响而放慢，增速低于货币发行增长速度。从图 2-4 可以看出，这一时期中央银行对金融机构净债权的增长构成了货币发行增长的主要原因。第三个阶段为 2000—2003 年。在此阶段，我国外汇储备在东南亚金融危机过后，又迅速恢复了增长，增速超过了货币发行的增速。为了进行对冲操作，中央银行同时迅速减少对金融机构和非金融机构的净债权，对政府净债权在 2001 年短暂回升之后也持续下降。第四阶段为 2003—2008 年。这一阶段我国外汇储备出现迅猛增长，主要受人民币升值预期的影响，大量游资进入我国，从而使外汇储备的增长速度远远超过了货币发行的增速。为了对冲外汇占款对货币发行的影响，中央银行大幅减少了对金融机构和政府的债权。尤其是对金融机构的债权，由 2002 年的 389.5 亿元，降至 2003 年的－3 319.2 亿元，此后一路下降，截至 2008 年年底，对金融机构的净债权为－71 821.4 亿元。

③货币发行余额呈平稳上升趋势，在 2003 年之前，外汇储备余额与货币发行余额的增长趋势几乎一致，偏离程度不大；但自 2003 年以后，二者出现了较大程度的偏离，货币发行余额的增长速度呈现出明显慢于外汇储备余额的增长速度。2003 年我国外汇储备急剧增加，导致外汇占款投放货币量迅速增加，通货膨胀压力加大。为此中央银行对金融机构的净债权出现了急剧下降，2004 年降幅达 394%，以减轻物价上涨的压力。尽管如此，种种对冲措施对有效吸纳外汇占款投放的过多货币成效不大，CPI 指数开始上升，通货膨胀迹象开始显现，中央银行不得不重新采取新的对冲措施。为了冲销外汇占款导致的基础货币快速增长，在 2003 年诞生了中央银行票据这一新的货币政策工具，这一新的对冲工具对减少货币供给，保持物价稳定暂时起到了较好的效果。

因此，通过上述分析可以看出，从我国近期的短期数据来看，由于短期内，中央银行可以通过减少对金融、政府、非金融机构等部门的净债权，通过发行中央银行票据来消除外汇储备增长对货币投放增加的压力，所以外汇储备的增加并不一定必然导致货币投放的增加。中央银行所做的这些对冲操作导致了中央银行净资产结构的变化，货币投放渠道也发生了变化，这从另一个角度较好地解释了为什么一方面中央银行的货币投放量一直在增长；但是另一方面物价水平却并没有暴涨的原因。货币投放的结构发生了变化，即通过银行等金融机构净投放的货币减少了，而对外贸部门投放的货币却增加了。货币投放的这种结构性变化对宏观经济有显著影响。我国金融机构的货币投放对象主要是内向型的国有企业，而这些国有企业的职工队伍庞大，其工资水平的提高将直接影响到国内市场消费能力的提高，影响到国内市场的物价水平。因此，中央银行对金融机构等净债权的减少，降低了以国有企业为主的大多数职工工资的水平，从而抑制了物价的上涨。相比之下，外贸部门职工工资收入的提高对全国物价的影响不大，因为其就业人数比重较小，况且这些外汇收入中有很大部分归外商所有。因此，该部门收入增加对职工工资的提高影响较小，对总体物价水平的影响更小。

2.3.4　外汇储备持续增长使持有储备的成本增加

外汇储备的持有成本包括机会成本、借入储备的利息支付成本以及为减少储备增长带来基础货币的扩张而产生的冲销成本。

1. 持有储备的机会成本

持有外汇储备存在着一定的机会成本，因为它是一种实际资源的象征，持有外汇储备表示暂时放弃等量实际资源的使用，从而也就丧失了这些资源投入所引起的经济增长。持有外汇储备的机会成本等于国内资本生产率减去持有外汇储备的投资收益率。对于发展中国家来说，其国内资本生产率或进口物资所带来的国民经济增长率远大于持有外汇储备的投资收益率，所以持有外汇储备的机会成本非常高。目前我国外汇储备中绝大部分是美元资产，主要用于购买美国债券，其中绝大部分购买的是美国国债、政府下属机构或政府担保的债券。中国社科院金融研究所李扬认为，美国国债的总体收益率约为 3%；现任中央银行货币政策委员会委员余永定认为美国国库券的收益率不会超过 3%；而斯蒂格利茨在《亚洲经济一体化的现状和展望》中指出，发展中国家以美国国库券形式持有的外汇储备收益率仅为 1.75%。国家发展和改革委员会对外经济研究所张燕生(2007)认为，中国投资美国国债的总体收益率在 3%左右。而次贷危机爆发以来，有关衰退和通货紧缩的担忧升温，导致美国股市跌幅扩大。投资者纷纷买进国债以求避险，国债收益率全线下挫。美国 1 个月期和 3 个月期国债收益率在 2008 年 9 月初时分别为 1.53%和 1.78%，至 11 月下旬跌至 0.01%。截至 2008 年 12 月 5 日，2 年期国债收益率低于 1.0%，10 年期国债收益率降至 2.7%。目前全球进入低利率时代，美国国债收益率的走低反映了这一背景。所以，将持有美国国债的整体收益率定为 2%～3%已经算是比较高的水平了，而国内投资收益率估计在 12%左右①，因此每年外汇储备的

① 张燕生、张岸元、姚淑梅．现阶段外汇储备的转变与投资策略研究[J]．世界经济，2007(7)．

机会成本就高达9%～10%。

2. 借入储备的利息成本

从外汇储备的来源上看，可以分为债权性外汇储备和债务性外汇储备。债权性外汇储备主要来自经常账户顺差，不存在偿还问题。债务性外汇储备主要来自资本与金融账户中的国际贷款和外商直接投资。外商直接投资的投资回报率在发展中国家普遍较高。美国商务部经济分析局的数据显示，美国公司在中国获得的投资回报率是全球最高的。如2004年美国企业在加拿大、欧洲和亚太投资回报率都有所下降，而在中国的投资回报率却从2000年的10.9%迅速上升到2004年的19.2%，高出2004年全球平均投资回报水平9.1个百分点。国际货币基金组织认为，跨国公司在中国投资的投资回报率为13%～14%①。高投资回报率下的外商投资企业利润汇回构成了对我国外汇储备的需求，也说明来自外商直接投资的这部分外汇储备的成本较高。

来自国外贷款的外汇储备成本也远高于美国国债的收益率。我国外债以商业贷款为主，截至2008年年末，来自外国政府及国际金融组织的贷款仅占登记外债余额的23%；国际商业贷款余额占登记外债余额的77%。商业贷款的利率往往高于向政府贷款或国际金融组织的贷款利率。同时国际商业贷款的利率一般以浮动利率为主要形式，其利率水平要远高于持有美国国债的收益率。斯蒂格利茨在《亚洲经济一体化的现状和展望》中指出：发展中国家从美国获得贷款的利率为18%，而以美国国库券形式持有的外汇储备的收益率仅为1.75%，其中的高额利差则被美国人攫取了。

3. 冲销成本

国家持有外汇储备通常会引起政府债务的增加。这是因为中央银行购买外汇储备导致基础货币的增加，为此，中央银行往往通过发行央行票据来抵消由于购买储备资产所增加的基础货币。如果冲销债券的国内利率高于外汇储备资产所获得的回报，政府就产生了直接的会计成本。对于大量购买美国长期政府债券的国家而言，这种损失直接取决于本国央行票据与美国债券的利差。

然而这种利差从2000年开始呈现逐步缩小的趋势，美国长期政府的债券利率几乎一路下滑。加上人民币兑美元不断升值，央行还必须承担一笔汇兑损失，这一损失甚至远远超过购买美国债券的收益。而随着利率市场化进行的不断推进，大幅增长的票据供给必然会使国内央行票据的发行成本变得越来越高。因此，冲销成本也将不断增大。

可见巨额外汇储备确实已经给我国的经济带来了一系列负面影响。面对持

---

① 毛中根、段军山．FDI投资收益汇出与潜在国际收支危机的理论及经验分析[J]．国际金融研究，2005(3)．

续增长的外汇储备规模，我们要解决的问题首先是要结合中国的具体国情确定一个适度的储备规模，然后对于不断增长的外汇储备应积极探索多层次、多元化的对外投资渠道，将外汇资源更好地利用起来，以抵消外汇储备增长带来的负面影响，支持我国经济的可持续增长。

第3章 外汇储备管理效益提升的前提——外汇储备适度规模研究

外汇储备规模适度是实现外汇储备管理效益提升的前提条件。要想提高外汇储备管理效益，首要问题就是确定适度的储备规模。对适度储备部分和超额储备部分依不同的原则、分机构进行管理，才能提高外汇储备管理效益。

3.1 外汇储备规模适度的含义及适度规模的决定

在测算出我国适度的外汇储备规模之前，有必要先界定外汇储备规模适度的含义以及明确外汇储备规模的决定基础。

3.1.1 外汇储备规模适度的含义

一国的外汇储备适度规模是多少呢？对于不同国家来说有不同的标准。就是对同一国家来说，在不同的经济发展时期，对外汇储备的需求也是不同的。目前还没有一个被普遍认可的统一标准。其中的原因可能是对于发展中国家和发达国家来说，由于经济发展水平和该国货币是否是世界性货币而难以统一标准。同时，一个国家在不同的发展阶段，由于经济发展程度的差异也可能导致需要不同规模的外汇储备。另外，经济学家们在考虑外汇储备适度规模时所选择的因素可能因其偏好的不同而有所差异。上述种种原因都造成了外汇储备适度规模的内涵没有统一的界定。但总体来说，外汇储备适度性主要有以下四个角度的定义。

1. 从成本的角度定义外汇储备的适度性

这种定义的方法认为，当持有储备的成本最小时，所对应的储备额就是最适度的。如弗莱明(Fleming，1964)认为：如果储备库存量和增长率使储备的

“缓解”程度最大化，则该储备存量和增长率就是适度的。海勒(Heller，1996)认为，能使国际收支逆差所采取的支出转换、支出削减和向外借款融资政策的成本最小的储备量就是适度的外汇储备水平。这种定义的特点是侧重于储备作为资产的性质，单从持有储备的成本角度出发。但是这种方法也有不足之处，即它忽略了持有储备的收益，因此从根本上说是不完整的。

2. 从经济均衡的角度定义外汇储备规模的适度性

这种定义方法认为，最适度的外汇储备是在其他变量不变的条件下，应能使整个经济实现帕累托最优。这种定义的角度侧重于突然外汇储备的功能性。代表人物如巴洛(Balogh，1996)所下的定义是：“在现有资源存量和储备水平既定的条件下，如果储备增长能促使经济增长率的最大化，则该储备的增长率是适度的。”这种衡量的角度把对外汇储备的分析放到整个经济循环的角度来分析，侧重于外汇储备的资产属性。但是不足之处就是影响整个经济的变量太多，而且定义依赖的前提“在现有资源存量和储备水平既定的条件下”，在现实世界中是不成立的。

3. 从边际成本和收益的角度定义外汇储备的适度性

认为持有储备的边际成本和边际收益相等时的储备规模是最优的储备规模，就是从边际成本和边际收益的角度来定义外汇储备规模的适度性。代表人物如阿格沃尔(Agarwal，1971)，认为“如果储备持有额能使发展中国家在既定的固定汇率上融通其在计划期内发生的预料之外的国际收支逆差，同时使该国持有储备的成本与收益相等”。这种方法就纯经济学的理论而言是最完美、最精确的。但是在实际运用这种方法来验证外汇储备的适度性时则会存在操作的问题。

4. 从需求的角度定义外汇储备的适度性

这种定义的出发点来自于外汇储备的定义，认为满足一定需求的外汇储备就是适度的，这就是从需求的角度定义外汇储备的适度性。根据十国集团1965年的《十国集团报告》给出的外汇储备的定义：“国际储备是指一国在对外收支发生逆差时，金融当局可直接利用或有保证地通过同其他资产的兑换，以弥补国际收支逆差和保持汇率稳定的一切普遍被接受的资产。”因此很多学者对外汇储备需求的分析等同于对外汇储备适度规模的分析，或者在事实上认定这两者是一回事。如 J. A. Frenkel(1974)在《发达和发展中国家国际储备需求研究》一文中，就从发达国家和发展中国家对外汇储备的需求角度来确定最适度储备的规模。再比如 J. L. Ford 和 Guob. Huang(1994)在《中国的外汇储备需求：关于国内货币体系均衡的一个误差校正模型》一文中，也在事实上把对外汇储备的需求等同于最适度储备规模。但是从需求角度定义外汇储备的适度性存在忽略了成本和收益因素的问题。

外汇储备作为国际储备中的重要组成部分，担任着调节一国宏观经济的重任，因此，单单着眼于对国际收支逆差的抵补或者是持有的成本收益分析，难免有失偏颇。因此，本书认为，外汇储备的适度规模应该是在满足外汇储备基本需求和保持一国经济稳定增长的基础上，实现持有成本最小化(收益最大化)的一个均衡水平。其形式并非是一个理论上的固定值，而应该是一个随时间变化的、具有一定上下限的区间，在一个可容许区间内的众多数值，都可以视为外汇储备的适度规模。

3.1.2 外汇储备适度规模的决定

外汇储备规模的决定，从市场运行的角度看，是外汇储备需求和供给共同作用的结果。在理论界存在需求决定论和供给决定论之争。

20 世纪 70 年代以前，“外汇储备是由需求决定的”[①]在国际学术界占主流地位。在布雷顿森林货币体系下，美元与黄金直接挂钩，这使得美国的国际收支不能利用汇率来调节，以致其国际收支差额主要取决于其他国家对外汇储备积累的愿望。需求决定论还有另外一个理由，外汇储备短缺的国家可以很方便地在国际资本可以高度流动的情况下，从国际资本市场借款以累积外汇储备。但是 20 世纪 80 年代爆发了拉美国家债务危机，导致了国际资本市场资金供应急剧收缩，这一事实表明，国际借贷并不是在任何情况下都可以满足外汇储备需求。

供应决定论是与需求决定论相对的理论，其代表人物罗伯特·特里芬(Robert Triffin)认为，最终导致布雷顿森林体系的灭亡的原因，就是作为主要储备资产的美元的供应过剩或不足[②]。其后，弗里茨·马克鲁普(Machlup，1968)和约翰·威廉姆森(Williamson，1971)也通过各自的研究认为，外汇储备是由供应决定的。他们认为，美国自身宽松的货币政策造成了美国在 20 世纪 70 年代初期出现的巨额国际收支逆差，而非其他国家突发性的国际需求上升所致。

本书认为，对于一个国家而言，外汇储备适度规模的大小不仅仅取决于外汇储备的供给，还取决于对外汇储备的需求。外汇储备供给和需求共同决定外汇储备的适度规模。外汇储备的供给是一国对外经济往来过程中货币收入，显示了一国实际拥有并能提供对外支付的外汇储备规模；外汇储备的需求是一种意愿需求，以保证用于临时性支付，外汇市场干预、信誉保证以及作为平衡国际收支差额的缓冲器。当外汇储备的需求和供给出现不一致时即会产生外汇储

---

① 奚君羊．国际储备研究[M]．北京：中国金融出版社，2000.

② 罗伯特·特里芬．黄金与美元危机——自由兑换的未来[M]．陈尚霖，雷达，译．北京：商务印书馆，1997.

备的不足或过剩(需求大于供给时，外汇储备不足；供给大于需求，外汇储备过剩)。

因为适度外汇储备是需求意愿和可获得性的统一，所以从我国现实情况看，确定适度的外汇储备规模，首先要从外汇储备的供给和需求两方面来进行研究。在外汇储备的来源上(即供给方面)，主要取决于一国国际收支中的经常项目顺差和资本项目顺差。从 1994 年开始我国外汇储备余额不断上涨，经常项目和资本项目持续双顺差，即使是在 1997 年亚洲金融危机以及现在的全球性金融危机的时候外汇储备也在增加。由此可见，我国外汇储备供给相对充裕。从而可以判断我国外汇储备适度规模基本由需求决定。适度的外汇储备规模应当从我国对外汇储备的需求动机出发，综合考虑进口付汇、外债还本付息、外商投资的利润返还、干预汇率、获得收益、增强信用保证等方面的用汇需求。具体来讲。适度的外汇储备规模是能够满足以下几点的储备规模：

①维持正常进口用汇需求，偿还外债本息的用汇需求，外国直接投资企业汇出利润的用汇需求；

②干预外汇市场，平抑外汇市场波动，稳定汇率；

③按照成本—收益的要求，持有外汇储备的成本最小；

④能够间接维持国内外公众对本国经济的信心，促进国民经济的发展。

3.2　外汇储备规模适度的意义

外汇储备规模管理就是通过有关管理规定和营运安排，使一国的外汇储备数量保持在适度的水平上。外汇储备作用的发挥是以其储备规模本身适度为基础的。适度的国际储备规模，是既能满足国家经济发展和对外支付的需要，又不因储备过多形成积压浪费的合理的储备规模。控制外汇储备的数量，保持适度的储备规模，对于发挥外汇储备的作用，提高外汇储备管理水平，促进国民经济健康发展，有着十分重要的意义。

3.2.1　外汇储备规模适度对经济的有利影响

1. 有利于保持国际收支平衡

外汇储备最主要、最基本的功能是作为“缓冲器”，当一国国际收支发生逆差时，就可以动用国际储备来弥补这个缺口，从而可以缓和国内经济因政策调整受到的冲击。外汇储备是国际收支进行结算的准备金。当一国在经济交易中发生临时性国际收支逆差，而这部分逆差又无法依靠举借外债来弥补时，就可动用外汇储备予以弥补。这样，既可维护本国国际信誉，又可避免采取其他平衡国际收支的措施而引起的经济动荡。同时，当一个国家的国际收支发生结构性失衡而需要进行紧急的或者长期的调整时，国际储备也可以缓和调整过程的冲击，从而降低各种调整措施对国内供求均衡带来的负效应，维持其国内经济的正常运转和稳定发展，或者减少因采取紧急行动而对经济带来的不利影响。外汇储备作为调节国际收支的手段，其数量适度与否，是发挥调节作用的关键。国家必须保有一定数量的外汇储备，这样才能弥补国际收支逆差的需要，同时又不致因储备数量过多而形成浪费。

2. 有利于干预外汇市场，维持本币汇率的稳定

1973年2月以后，世界各国普遍实行浮动汇率制度，国际金融市场汇率波动频繁且剧烈。因此，为维护本国的利益，使本国汇率稳定在政府所预定的水平上，各国一般都会动用国际储备干预外汇市场。有些国家还专门设立外汇平准基金，以保证干预外汇市场的资金需要。当本币贬值超过了政府规定的目标区间时，货币当局可以卖出部分外汇储备，买进本币，促使本币汇率上升；反之，则卖出本币，购买外汇，稳定本币的汇率。此外，货币当局可以通过调节外汇储备的结构，来防范和抵御国际游资对本币的冲击。因此，可以认为，外汇储备是维持货币汇率的"干预资产"，适度的外汇储备对一国树立本币的信誉和维持其汇率的稳定起着重要的作用。

3. 有利于维持国家对外清偿力

国家保有一定数量的外汇储备，目的是要满足国家对外支付和偿债的能力。为达到这种目的，必须加强外汇储备的管理，保持适度的规模。因为一国外汇储备水平过低，会使国家陷入支付困境，影响国家的对外信誉与借款能力。相反，如果一国外汇储备水平过高，超出平衡国际收支和对外支付的需要，就会形成外汇资源浪费并易受到国外通货膨胀对国内的冲击。

4. 有利于一国国内经济均衡发展

一国国内经济均衡，主要的标志之一是国内流通的货币数量与流通中商品与劳务对其客观需求的数量相一致。而一国外汇储备规模如何，与一国内部经济平衡与否有密切关系。要充分发挥外汇储备对经济的稳定作用，就必须大力加强外汇储备的规模管理。

5. 有利于获取外汇收益

国家要充分利用所持有的外汇储备资产，进行安全妥善的投资，尽量减少经常账户上闲置资金的数量，既不因储备数量不足而影响对外支付，也不因储备数量过多而形成积压浪费，影响经济发展，最大限度地发挥外汇储备的效益。而要达到这种目的与效果，就必须保持适度的外汇储备规模。

3.2.2 外汇储备规模不足或过度对经济的不利影响

一国外汇储备不足，就难以履行外汇储备的各项功能。不能开展正常的对外经济交往，不能满足对外进口付汇和偿还外债的需要，没有能力维持本国货币币值的稳定，本币信誉低，危机时难以有效抵御投机性资本的冲击。

反之，一国的外汇储备规模过度，虽然可以保证外汇储备各项职能的实现，但也可能给一国经济运行带来负面影响。如本书第 2 章所述，外汇储备持续增长使一国货币供应量被动增加；对一国的货币政策的实施产生不利影响，造成中央银行货币政策的灵活性越来越低；外汇储备的持续增长从长期来看还会加剧一国的通货膨胀压力，并有可能造成资金、资源的浪费，使持有成本不断增加；加剧本币的升值压力等。

总之，外汇储备对于一个开放经济体而言非常重要，是维持国家正常对外交往、维持汇率稳定、维护国家经济金融安全的保障。但是，外汇储备规模过度和不足都会对经济运行产生负面影响。因此，权衡利弊、确定一个适度的外汇储备规模成为各国外汇储备管理当局管理的一个关键问题。

3.3　基于传统方法对中国外汇储备适度规模的分析

由上一节可知，衡量外汇储备适度规模的方法有很多，常用的主要有比例分析法和成本收益分析法。本书首先运用这两种常用的方法对我国外汇储备适度规模进行分析。

3.3.1　基于比例分析法的衡量

比例法作为衡量外汇储备的简单的工具，具有较强的可操作性。虽然这种方法不能做到精确，但是却能从整体上对外汇储备的需求进行很好的描述。因此，国际货币基金组织时至今日依然采用这些指标来衡量一国外汇储备的适度性。

1. 外汇储备与进口比率(R/M)

比例法中最具代表性的是储备与进口比率法。我国外汇储备从 1994 年汇率体制改革以后开始持续增长，所以本书从 1994 年开始分析。根据特里芬法则，适度外汇储备的规模其上限应为进口的 40%，下限为进口的 20%，政策调节的分界是进口的 30%。具体可以表述为：

R/M ＞ 40%，表示储备过高；

30%≤R/M≤40% ，表示储备适度；

20%≤R/M＜30%，表示储备偏低，需要采取措施调节；

R/M＜20%，表示储备过低。

表 3-1 统计了自 1994 年以来的 R/M，以及根据特里芬法则而计算的适度外汇储备规模的上限和下限。

表 3-1　中国外汇储备额、进口额及储备与进口比率(1994—2008 年)

单位：亿美元

年份	实际储备额(R)	进口额(M)	R/M(%)	20%下限	40%上限
1994	516.20	1 156.2	45	231.24	462.48
1995	735.97	1 320.8	56	264.16	528.32
1996	1 050.49	1 388.3	76	277.66	555.32
1997	1 398.9	1 423.7	98	284.74	569.48
1998	1 449.59	1 402.4	103	280.48	560.96
1999	1 546.75	1 657.0	93	331.4	662.8
2000	1 655.74	2 250.9	74	450.18	900.36
2001	2 121.65	2 435.5	87	487.1	974.2
2002	2 864.07	2 952.2	97	590.34	1 180.68
2003	4 032.51	4 128.4	98	825.68	1 651.36
2004	6 099.32	5 613.8	109	1 122.76	2 245.52
2005	8 188.72	6 601.2	124	1 320.24	2 640.48
2006	10 663.44	7 916.1	135	1 583.22	3 166.4
2007	15 282.49	9 558.2	160	1 911.64	3 823.28
2008	19 460.30	11 330.9	172	2 266.18	4 532.36

数据来源：进口额数据来源于中华人民共和国商务部网站(http：//www. mofcom. gov. cn)；外汇储备数据来源于中国外汇管理局网站(http：//www. safe. gov. cn)。

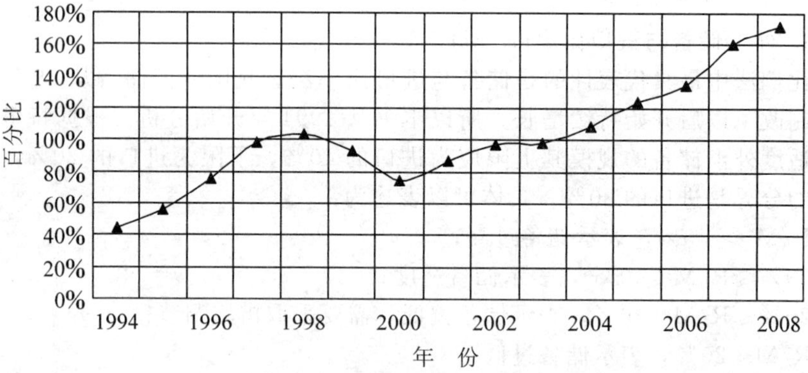

图 3-1　外汇储备/进口额百分比变动趋势图

数据来源：根据表 3-1 储备与进口比率数据绘制。

由表 3-1 和图 3-2 可以看出，1994 年后，我国的外汇储备和进口额都在持续增加，但是外汇储备增加的幅度大于进口增加的幅度，导致了我国外汇储备过高的局面。我国外汇储备在以进口比例为依据的衡量中严重过剩。1994 年这一比例仅为 45%，即刚刚超过上限的警戒线，随后储备占进口的比率一路走高，到 1998 年外汇储备额在绝对水平上超过了进口额。虽然在 1999 年至 2003 年储备占进口的比例有所回落，但仍在 70%以上，远远超过了 40%的上限。2008 年 R/M 竟高达 172%。根据特里芬法则，2008 年我国外汇储备额的上限是 4 532.36 亿美元，而当年实际外汇储备额却高达 19 460.3 亿美元。显然，参照储备/进口比例法，目前我国已经成为一个高储备国家。但是，单纯考虑 R/M 的比率并不能全面地说明我国外汇储备的适度量问题。由于储备/进口法众所周知的片面性和局限性，它只能作为分析、比较储备状况的一个参考标准。

2. 外汇储备与外债比率

国际收支的影响因素中，除了经常项目的因素，还有资本项目的因素。R/M 比率主要考虑的因素是为一国进口额提供融资，也即一国的经常项目因素，其无法全面地反映一国国际收支的情况。然而，外汇储备与短期外债(R/SD)比率和外汇储备与外债余额(R/TD)比率等指标是对资本项目下国际收支逆差的反映，这在一定程度上能够弥补 R/M 法的不足。所以，也必须将其纳入讨论的范畴，以求更准确地测度我国外汇储备的适度规模。

外汇储备与外债余额(R/TD)反映了一国外汇储备对全部外债的清偿能力。一般认为，一国外汇储备保持在当年外债余额的 30%～50%比较合适。从外债结构来看，短期外债对当年的外汇储备的压力是最大的，因为在外债总余额中，需要立即偿还的是短期外债。外汇储备与短期外债的比值是一国快速清偿能力的最重要标志。一般认为，1 年和 1 年以下期限短期债务在当年外债余额中所占的比重在 25%以下是安全的。按这个比例计算，为了满足外债清偿的需要，外汇储备为短期外债余额的 1.2 倍(30%/25%)左右便可。外汇储备与外债余额的国际警戒线是 100%。

表 3-2　1994—2008 年中国外汇储备与外债比率表　　单位：亿美元

年份	实际储备额(R)	外债余额(TD)	短期外债余额(SD)	R/TD(%)	R/SD(%)	SD/TD(%)
1994	516.20	928.06	104.15	55.62	495.63	11.22
1995	735.97	1 065.9	119.16	69.05	617.63	11.18
1996	1 050.49	1 162.75	141.08	90.33	744.46	12.13
1997	1 398.9	1 309.6	181.4	106.82	771.17	13.85

续表

年份	实际储备额(R)	外债余额(TD)	短期外债余额(SD)	R/TD(%)	R/SD(%)	SD/TD(%)
1998	1 449.59	1 460.43	173.4	99.26	835.99	11.87
1999	1 546.75	1 518.3	151.8	101.87	1 018.94	10.00
2000	1 655.74	1 457.3	130.8	113 .62	1 265.86	8.98
2001	2 121.65	1701.1	505.8	124.72	419.46	29.73
2002	2 864.07	1 713.6	558	167.14	513.27	32.56
2003	4 032.51	1 936.34	770.44	208.25	523.40	39.79
2004	6 099.32	2 285.96	1 043.1	266.80	584.70	45.63
2005	8 188.72	2 810.45	1 561.43	291.37	524.44	55.56
2006	10 663.44	3 229.88	1 836.28	330.15	580.71	56.85
2007	15 282.49	3 736.2	2 200.8	409.04	694.41	58.90
2008	19 460.30	3 747	2 108	519.36	923.16	56.25

数据来源：中经数据，综合年度统计数据。

表3-2给出了中国自1994年以来外汇储备与外债余额的比率。由表3-2可知，1994年以后，中国R/TD的比率始终在50%以上，1999年以来中国R/TD比率一直在100%以上，2008年达到最高值519%。这15年来，R/TD指标平均值为120%以上，远远超过国际认同的R/TD应保持在30%～50%的标准。因此，根据外汇储备与外债余额的比率来看，中国近年来外汇储备规模过大，增长速度过快，大大超过外债余额对外汇储备要求的适度规模。

表3-2还给出了中国自1994年以来外汇储备与短期外债的比率。从表中观察，近年来中国这一比率也都远远高于国际警戒线，1994年至2008年这一时期，R/SD指标平均值达到700%，是警戒水平的将近7倍，其中2000年的比率竟高达12.66倍。需要注意的是，由于短期外债统计口径的变化，2000年以后该比率有所下降。短期外债在外债总额中所占比重在2001—2008年有所上升，但由于这几年实际外汇储备量有大幅度增加，所以这一指标滑落到4～9倍，2008年达到9.23倍，仍高于1.2倍的标准。所以，从这一比率来看，中国外汇储备的规模相对短期外债来说不仅增长速度过快，而且规模过大。

3. 外汇储备与GDP的比率

外汇储备占GDP的比重也被作为衡量外汇储备规模是否合适的标准之一，这一比率反映了一国的经济规模越大、发展速度越快，对国际市场的依赖程度也就越大，因此需要更多的外汇储备作为后备。对于外汇储备/GDP 的适度比率水平，可以通过外债余额与 GNP(或 GDP)的比率进行换算。外债余额与 GNP(或 GDP)的比率用于衡量一国对外资的依赖程度或一国总体的债务风险。既然外汇储备占外债余额的 30%～50%是合理的，而外债余额与 GNP(或 GDP)的比率一般参考安全数值是 8%，那么就意味着外汇储备占本国 GNP(或 GDP) 2.4%～4.0%的比重就可以满足本国对外清偿的需要。

表 3-3　1994—2008 年中国外汇储备/国内生产总值、外汇储备/货币供应量比率表

单位：亿美元

年份	实际外汇储备额(R)	国内生产总值(GDP)	R/GDP(%)	货币供应量(M2)	R/M2(%)
1994	516.2	5 592.26	9.23	5 444.383	9.48
1995	735.97	7 280.11	10.11	7 274.638	10.12
1996	1 050.49	8 560.90	12.27	9 152.402	11.48
1997	1 398.9	9 526.53	14.68	10 976.78	12.74
1998	1 449.59	10 194.59	14.22	12 621.96	11.48
1999	1 546.75	10 832.78	14.28	14 483.4	10.68
2000	1 655.74	11 984.8	13.82	16 260.44	10.18
2001	2 121.65	13 248.05	16.01	19 125.52	11.09
2002	2 864.07	14 538.31	19.70	22 351.94	12.81
2003	4 032.51	16 409.62	24.57	26 727.41	15.09
2004	6 099.32	19 317.10	31.57	30 702.23	19.87
2005	8 188.72	22 783.56	35.94	36 993.49	22.14
2006	10 663.44	27 004.62	39.49	44 173.37	24.14
2007	15 282.49	33 762.15	45.27	54 698.95	27.94
2008	19 460.30	43 296.76	44.95	68 400.44	28.45

数据来源：国家统计局网站、中经网统计数据库。

注：GDP 和 M2 是按当年平均汇率水平折算成美元。

由表 3-3 可以看出，1994—2008 年 15 年间，外汇储备在 GDP 中的比重都高于适度规模线。从 1994 年开始，外汇储备在 GDP 中的比重开始稳步增加。进入 21 世纪，随着外汇储备的大幅度增加，这一比重仅由 2000 年的 13.82%，迅速增长到 2007 年的 45.27%，占 GDP 的将近一半，远远高于

2.4%～4%的标准。

4. 外汇储备与货币供应量的比率

外汇储备和广义货币(M2)的比率(R/M2)是由Johnson提出的，他认为国际收支是一种货币现象，收支逆差就相当于国内货币供给过多，顺差相当于本国货币需求过度，国际收支的差额意味着官方储备的增减，等于本国货币需求减本国所创造的货币。该指标并没有一个合理的界限，应该结合各国国情进行具体分析。

表3-3给出了中国自1994年以来外汇储备和广义货币的比率。1994年至2002年期间，R/M2基本保持在一个稳定的水平(10%～12%之间)，但是自2003年以后R/M2比率迅速提高，由2003年的15.09%上升到2008年的28.45%，5年内增加了13个百分点之多。

综合考虑上述四种指标可以看出，我国外汇储备过剩的迹象自1994年开始就已出现，虽然有些年份受政策或某些突发性事件影响，外汇储备规模的增长速度有所放慢，但总体来看，我国外汇储备规模一路飙升，外汇储备过剩量也在不断增加。

2008年年末，我国外汇储备余额达19 460.30亿美元；2008年全年进口总额11 330.9亿美元；外债余额3 747亿美元(不包括中国香港地区、中国澳门地区和中国台湾地区对外负债)，外债余额中，短期外债余额为2 108亿美元；GDP为300 670亿元人民币，按当年平均汇率折成美元约为43 296.75亿美元。

使用上述数据，计算前述指标的外汇储备适度规模数值。

根据R/M指标，适度储备规模下限为11 330.9×20%=2 266.18亿美元

适度储备规模上限为11 330.9×40%=4 532.36亿美元

根据R/TD指标，适度储备规模下限为3 747×30%=1 124.1亿美元

适度储备规模上限为3 747×50%=1 873.5亿美元

根据R/SD指标，适度储备规模为2 108×1.2=2 529.6亿美元

根据R/GDP指标，适度储备规模下限为43 296.75×2.4%=1 039.12亿美元

适度储备规模上限为43 296.75×4.0%=1 731.87亿美元

表3-4 四种分析指标得到的2008年中国外汇储备适度规模

单位：亿美元

具体指标	下限	上限	中值	实际值
R/M	2 266.18	4 532.36	3 399.27	19 460.30
R/TD	1 124.1	1 873.5	1 498.80	19 460.30
R/SD	—	—	2 529.60	19 460.30
R/GDP	1 039.12	1 731.87	1 385.50	19 460.30

总的说来，从 R/M、R/TD、R/SD、R/GDP、R/M2 的比重来看，我国目前上述比率都远远高于国际标准，表明目前我国外汇储备规模已经过度。但是，比例分析法无论采用哪个比率指标，都是紧紧围绕影响外汇储备的一种因素对外汇储备需求进行测量，而事实上存在多种因素影响我国外汇储备规模，只有综合考虑这些因素，才能准确地测算出我国的适度外汇储备量。

3.3.2　基于成本收益分析法的衡量

衡量适度储备规模的另一种常用的方法是成本—收益分析法，该方法按照适度储备规模的定义，成为确定最适度外汇储备规模的一个较合适的方法，因此，本节采用成本—收益分析法对我国的适度外汇规模进行进一步的衡量。

成本—收益分析法下主要有两种方法，即海勒模型与阿格沃尔模型。与海勒模型相比，阿格沃尔模型是根据发展中国家的情况建立的，所以在本节的实证分析中仅用阿格沃尔模型对我国的外汇储备进行分析。

阿格沃尔得出发展中国家外汇储备水平的适度性公式为

$$R_{opt} = \frac{D}{\log\pi}(\log m + \log q_2 - \log q_1) \qquad (3\text{-}1)$$

式中，D 是国际收支逆差额；π 为逆差出现的概率；m 是该国单位资本的产出效率，即资本产出比率的倒数；q_1 是该国追加资本中的进口比重；q_2 是进口资本品占该国总产出的比重。

模型中各参数的确定如下。

①国际收支逆差额 D：自 1982 年我国编制国际收支平衡表以来，国际收支出现逆差的年份不多，且数额与顺差额相比很小。作为国际收支差额中重要的组成部分，经常项目差额对外汇储备的影响至关重要。1996 年年底我国经常项目已实现人民币自由兑换，而资本项目仍在严格的控制之下，因此，经常项目所产生的外汇储备需求是主要的外汇储备需求，本书用 1983 年以来经常项目逆差最高额来表示，我国 1993 年经常项目逆差额最大为 119.3 亿美元，因此，D 取值为 119.3 亿美元。如果再出现逆差，我们假定其额度不会超过这个最大值。

②逆差出现的概率 π：从 1983 年到 2008 年 26 年间，我国经常项目逆差出现的次数为 5 次(分别为 1985 年、1986 年、1988 年、1989 年和 1993 年)，因此取 π 为 5/25=0.2。

③资本产出比率的倒数 m：资本产出比率是指生产一单位产品所需要的资本量，即资本与产量之比。如果用 K 表示资本量，Y 表示产量，k 表示资本产出比率，则 $k=K/Y$。以 k_t 表示第 t 期的资本产出比率，则 $k_t=K_t/Y_t$；$k_{t-1}=K_{t-1}/Y_{t-1}$，经济分析中，一般都假定在相当长时间内这个比率不变。则：

$$k_t = K_t/Y_t = K_{t-1}/Y_{t-1} = (K_t - K_{t-1})/(Y_t - Y_{t-1}) = I_t/(Y_t - Y_{t-1}) \qquad (3\text{-}2)$$

式中，I_t用第 t 期的固定资产投资总额来代替；Y_t用第 t 期的国内生产总值来代替。则资本产出的倒数 $m_t=1/k_t=(Y_t-Y_{t-1})/I_t$。

表 3-5　m_t导出表

年份	GDP(Y_t)亿元	Y_t-Y_{t-1}	固定资产投资（I_t）亿元	$m_t=(Y_t-Y_{t-1})/I_t$
1994	48 108.5	12 848.5	17 042.1	0.754
1995	59 810.5	11 702	20 019.3	0.585
1996	70 142.5	10 332	22 913.5	0.451
1997	78 060.8	7 918.3	24 941.1	0.317
1998	83 024.3	4 963.5	28 406.2	0.175
1999	88 479.2	5 454.9	29 854.7	0.183
2000	98 000.5	9 521.3	32 917.7	0.289
2001	108 068.2	10 067.7	37 213.5	0.271
2002	119 095.7	11 027.5	43 499.9	0.254
2003	135 174	16 078.3	55 566.6	0.289
2004	159 586.7	24 412.7	70 477.4	0.346
2005	184 739.1	25 152.4	88 773.6	0.283
2006	211 808	27 068.9	109 998.2	0.246
2007	251 481.2	39 673.2	137 239	0.289
2008	300 670	49 188.8	172 291	0.285

数据来源：中国统计年鉴，中经网统计数据库。

④追加资本的进口含量 q_1：q_1 可以用每年进口的初级产品/全社会每年新增固定资产投资额来表示。

⑤进口的生产性物品占总产出的比例 q_2：q_2 可以用每年进口初级产品/GDP 来表示。

表 3-6　q_1、q_2 导出表

年份	进口初级品（亿美元）(1)	每年汇率平均价 (2)	进口初级品（亿人民币）(3)	全社会每年新增固定资产投资额（亿人民币）(4)	GDP（亿人民币）(5)	q_1 (6)	q_2 (7)
1994	164.86	8.618 7	1 420.88	3 969.8	48 108.5	0.358	0.029 5
1995	244.17	8.351	2 039.06	2 977.2	59 810.5	0.685	0.034 1
1996	254.41	8.314 2	2 115.22	2 894.2	70 142.5	0.731	0.030 2
1997	286.2	8.289 8	2 372.54	2 027.6	78 060.8	1.170	0.030 4

续表

年份	进口初级品（亿美元）(1)	每年汇率平均价 (2)	进口初级品（亿人民币）(3)	全社会每年新增固定资产投资额（亿人民币）(4)	GDP（亿人民币）(5)	q_1 (6)	q_2 (7)
1998	229.49	8.279 1	1 899.97	3 465.1	83 024.3	0.548	0.022 9
1999	268.46	8.278 3	2 222.39	1 448.5	88 479.2	1.534	0.025 1
2000	467.4	8.278 4	3 869.32	3 063	98 000.5	1.263	0.039 5
2001	457.43	8.277	3 786.15	4 295.8	108 068.2	0.881	0.035 0
2002	492.71	8.277	4 078.16	6 286.4	119 095.7	0.649	0.034 2
2003	727.63	8.277	6 022.59	12 066.7	135 174	0.499	0.044 6
2004	1 172.67	8.276 5	9 705.60	14 910.8	159 586.7	0.651	0.060 8
2005	1 477.1	8.075 9	11 928.91	18 296.2	184 739.1	0.652	0.064 6
2006	1 871.3	7.823 8	14 640.68	21 224.6	211 808	0.690	0.069 1
2007	2 429.8	7.367 6	17 901.79	27 240.8	251 481.2	0.657	0.071 2
2008	3 842.9	6.944 4	26 686.63	35 052	300 670	0.761	0.088 8

数据来源：《中国统计年鉴》历年数据，国家外汇管理局网站及国家商务部网站。

注：1.《中国统计年鉴》统计的进口投资品数据以美元为单位，本书根据历年人民币年平均汇价折算。

2. 表中各栏数据关系为：(3)＝(1)×(2)，(6)＝(3)/(4)，(7)＝(3)/(5)。

将表 3-6 中求得的各数据代入阿格沃尔模型中，可计算出历年我国外汇储备的理论上的适度值，如表 3-7 所示。

表 3-7　采用阿格沃尔模型计算的中国 1994—2008 年外汇储备适度规模

单位：亿美元

年份	D	$\log\pi$	$\log m$	$\log q_2$	$\log q_1$	适度规模	实际规模	实际规模－适度规模
1994	119.30	−0.699	−0.123	−1.530	−0.446	205.84	516.20	310.36
1995	119.30	−0.699	−0.233	−1.467	−0.164	262.12	735.97	473.85
1996	119.30	−0.699	−0.346	−1.521	−0.136	295.31	1 050.49	755.18
1997	119.30	−0.699	−0.499	−1.517	0.068	355.75	1 398.9	1 043.15
1998	119.30	−0.699	−0.757	−1.640	−0.261	364.63	1 449.59	1 084.96
1999	119.30	−0.699	−0.738	−1.600	0.186	430.69	1 546.75	1 116.06
2000	119.30	−0.699	−0.539	−1.404	0.101	348.89	1 655.74	1 306.85

续表

年份	D	$\log\pi$	$\log m$	$\log q_2$	$\log q_1$	适度规模	实际规模	实际规模－适度规模
2001	119.30	－0.699	－0.567	－1.456	－0.055	335.83	2 121.65	1 785.82
2002	119.30	－0.699	－0.595	－1.465	－0.188	319.61	2 864.07	2 544.46
2003	119.30	－0.699	－0.539	－1.351	－0.302	271.10	4 032.51	3 761.41
2004	119.30	－0.699	－0.461	－1.216	－0.186	254.37	6 099.32	5 844.95
2005	119.30	－0.699	－0.548	－1.190	－0.186	264.95	8 188.72	7 923.77
2006	119.30	－0.699	－0.609	－1.160	－0.161	274.47	10 663.44	10 388.97
2007	119.30	－0.699	－0.539	－1.148	－0.182	256.76	15 282.49	15 025.73
2008	119.30	－0.699	－0.545	－1.052	－0.118	252.42	19 460.30	19 207.87

从表 3-7 中可以看出，我国外汇储备的实际持有额与采用阿格沃尔模型计算出来的外汇储备的适度规模有很大的差异：1994 年外汇储备实际持有额就开始超过了适度值，并且这一差额在随后的 1994—2008 年的 15 年间一直递增，到 2008 年已达到将近 19 200 亿美元。

产生这一结果的原因是，阿格沃尔模型主要是针对经常发生国际收支逆差的发展中国家建立的，而我国从 1993—2008 年的 26 年间仅有 5 年国际项目收支发生逆差，概率较小且逆差额也不大。因此根据阿格沃尔模型计算出来的适度外汇储备规模也较小，这与理论相符，因为阿格沃尔模型所确定的外汇储备的主要功能就是用于平衡国际收支、弥补国际收支逆差。当一国国际收支逆差少时，当然也无须多持有外汇储备。而 1994 年外汇体制改革后，我国多年持续出现经常项目及资本与金融项目的“双顺差”，实际外汇储备急剧增加，远远超过理论上的适度值。因此，阿格沃尔模型的假定与我国的实际情况有所出入，需要根据我国的实际情况构造适合我国国情的外汇储备规模模型，以对我国的适度外汇储备规模进行进一步衡量和测算。

3.4 基于因素分析法下中国外汇储备适度规模研究

3.4.1 对中国外汇储备规模衡量方法的选取

关于外汇储备规模适度性分析有着各种的思考角度和计算方法。定性分析虽然在宏观上会给我们提供一个思考的角度，但不能为我们提供精确的答案。

比例分析法考虑问题比较片面，对外汇需求的衡量仅仅集中在影响外汇储备的一种因素上，存在着片面性缺陷，很难独立运用。回归分析法主要依赖于过去的经验数据，所得结论带有较强烈的数学色彩，其理论基础显得很薄弱。并且它假设过去的储备水平是适度的，历史储备变动趋势也适用于未来的情况，然而这两个假设未必都能成立。边际成本收益法按照适度储备规模的定义，成为确定最适度外汇储备规模的一个较合适的方法，但是在实际中，当运用该方法来估计中国的适度外汇储备规模时发现，估计结果与中国实际外汇储备规模相差巨大。因为阿格沃尔模型主要是针对经常发生国际收支逆差的发展中国家建立的，与中国的实际情况不符。因此在运用该方法时有必要结合中国的国情，对阿格沃尔模型进行适当的修正。20 世纪 90 年代中后期，在我国逐渐兴起的综合考虑进口支出、外债还本付息、外商直接投资资金回流和平抑外汇市场波动等因素的因素分析法虽然非常简洁，但仍然不能得出最适度储备规模，因为上述四个方面只是外汇储备最基本的需求，而未考虑外汇储备的其他需求。在选取衡量影响外汇储备需求的因素时，往往具有片面性，因而也就难以准确地反映一国外汇储备适度需求的数量。这主要是因为，对外汇储备功能的认识还停留在表面。毋庸置疑，外汇储备的直接作用是偿付国际收支逆差、维持本国汇率稳定和充当偿还外债的保证，但是它更广泛意义上的作用还在于维持人们对一国经济发展和政治稳定的信心，维持人们对该国货币价值稳定的信心。因此，在人们心目中，外汇储备作为经济保障的传统功能已有所淡化，而维持社会公众信心的功能却日益加强。换言之，一国外汇储备越来越成为公众所密切关注的信心指标。而传统的分析方法都忽视了外汇储备这一新的功能，考虑问题不够全面。同时，因素分析法还忽略了持有储备的成本和收益因素。下面本书就以因素分析法为基础，充分考虑外汇储备的各方面需求，结合成本—收益分析法重新构建我国外汇储备适度规模模型。我们将从分析影响外汇储备需求因素入手，通过对我国外汇储备需求的分析，来构建适合我国的外汇储备适度规模模型，并进行实证检验。

3.4.2　外汇储备需求的构成

一国究竟应该持有什么水平的外汇储备取决于其外汇储备需求的影响因素。凯恩斯把货币需求分为交易性需求、预防性需求和盈利性需求(或称为投机性需求)三个方面。不过，借鉴凯恩斯的货币需求理论来分析一国货币当局持有外汇储备的需求时，还应该注意外汇储备的功能目前已经发生了变化，各国持有外汇储备还是作为一种信心的保证，我们把这种需求称为保证性需求。因此，本书认为对外汇储备的需求由以下四个方面构成。

1. 交易性需求

外汇储备的首要功能是满足一国对外经济交往的需要，这种需求即交易性需求。这方面的需求主要包括一国的进口付汇需求、外商直接投资利润汇出需求以及外债还本付息需求等方面。

对于发展中国家来说，交易性需求的重要性更胜于发达国家。由于发展中国家普通存在货币的可兑换性不高、不可能在短时间内大规模地从外汇市场融得所需的资金、存在不同程度的外汇管制以及在国际金融市场上的融资能力较弱等局限性，因此，发展中国家只有依靠自身所持有的外汇储备来满足交易性的外汇需求。

(1)进口付汇对外汇储备的需求

进口是影响外汇储备交易性需求的主要因素。外汇储备具有平衡国际收支逆差、维持对外支付的功能，所以一国外汇储备的需求受到贸易进口额的影响。将外汇储备与贸易支出的变动直接挂钩进行比较，可以找出储备需求以某种方式随进口的增长而增长的规律。尤其是当排除影响储备的某些短期因素或随机因素后，一国外汇储备需求量和进口总额之间总存在一定的比例。很显然，如果一国的开放程度越高，进口金额就越大，那么，该国对外汇储备的需求就较大；反之，对外汇储备的需求就较小。目前国际上一般认为，一国的外汇储备量应能满足三个月的进口需求，这一数字按全年外汇储备对进口的比率来计算约为25%。

(2)外商直接投资(FDI)利润汇出对储备的需求

近年来，外商直接投资逐渐成为发达国家对外输出剩余资本，发展中国家利用外国资源的一种主要形式。虽然FDI不是借债，不需要还本付息，但外商投资却要赚取利润，并且这种投资方式的利润率还很高。因此，FDI与对外举债无本质区别，它是一种典型的准债务。实际上，FDI的投资收益率比一般的商业贷款利息率高得多，根据世界银行的估算，20世纪90年代在发展中国家的FDI的年平均投资收益率为16%～18%，而在非洲的撒哈拉沙漠贫穷国家FDI的年均收益率更是高达24%～30%。因此，大量的利润汇出每年都会从接受投资的东道国的经常项目下流出，即便是利润转为追加投资，这也只意味着利润汇出的延迟。当外商直接投资规模累积到一定程度，由此而产生的利润汇出就会对一国对外支付形成巨大压力。因此，一国货币当局在制定外汇储备政策时，必须考虑到直接投资对外汇储备的需求。

(3)外债还本付息对储备的需求

外债从质与量两方面影响外汇储备。从量的角度看，外债到期还本付息时，需要有相应数量的外汇进行支付，这将影响到国家外汇储备规模的大小。当一国的外汇储备不足以偿还到期的外债，债务危机就会爆发，将会给该国经济带来许多负面的影响，如1984年的墨西哥债务危机、1998年的俄罗斯债务危机等。从质的角度看，外债的借入会使外汇储备中借入储备的规模加大，从而导致储备的质量下降，这可能会进一步引起储备量的变化。一国外债包括短期外债和长期外债。需要及时还本付息的债务是短期外债，国际上通用的标准是外汇储备与短期外债比率要超过 100%，否则认为该国外汇储备不足。而对于长期外债，一国并不急于还本付息，其对外汇储备的需求不及短期外债强烈，但总的来说，长期外债和短期外债一样，都与外汇储备规模呈正相关关系。

2. 预防性需求

预防性需求是指一国货币当局在外汇市场出现大幅振荡，发生金融危机时，为及时干预市场而持有的外汇储备。这种储备需求既是一种干预需求，但也可以说是一国货币当局为缓冲外部因素对国内经济形成冲击的预防性需求。一国所实行的汇率制度的灵活程度预期与外汇储备的需求呈负相关关系。实行浮动汇率制的国家，其对外汇储备的需求就会较少，因其不需要外汇储备对汇率进行干预；反之，实行固定汇率制的国家，随时准备维护本国货币汇率和外汇市场的稳定，对外汇储备的需求就会较大。尽管目前发达国家和许多发展中国家实行的都是浮动汇率制度，但各国并未放松对汇率的管制。近年来，由于金融货币危机频发，各国中央银行实际上都不同程度地加强了对外汇市场的干预力度。

从交易性质上看，中央银行入市对外汇市场的干预行动是一种普遍的交易行为。一个国家要进行外汇买卖、试图影响汇率的走向，就必须首先掌握大量可以动用的外汇储备，因此外汇储备的需求要受央行对外汇市场实行干预的频率和力度的影响。

3. 盈利性需求

盈利性需求是指利用外汇储备进行国际金融市场投资或风险管理，获得更高收益或降低风险的需求。持有外汇储备存在巨大的机会成本是产生该需求的直接原因。若动用外汇储备去购买国外实际资源，就可以增加国内投资和加快经济发展。因此，一国持有外汇储备，就牺牲和放弃了利用它们来加快本国经济发展的机会。这是一种经济效益的损失，是持有外汇储备的机会成本。但是，一国持有的外汇储备中也有生息的储备资产，如在国外的银行存款和外国政府债券等，这些储备资产还会有一定的利息收益。因此，一国持有外汇储备的成本便等于投资收益率与利息收益率之差。这个差额大，表明持有外汇储备的成本高；反之亦然。受经济利益的制约，一国对外汇储备的需求数量，会同其持有外汇储备的成本成相反方向变化：如果一国持有外汇储备的机会成本较低，或者对储备资产的运用能获得较高的收益，那么该国对于持有外汇储备的盈利性需求就会更高。

需要注意的是，一国通常是在安全性得到充分保障的条件下，才考虑争取较强的盈利性。

4. 保证性需求

自亚洲金融危机以来，虽然广大新兴市场经济体普遍实行了浮动汇率制度，但是，其外汇储备却未如人们依据传统理论推断的那样大幅减少，反而有大幅增加。其根本原因就在于，在金融全球化的背景下，新兴市场经济体外汇储备的功能已经发生了根本性转变。

传统的外汇储备功能是与固定汇率制度相适应的。其明显的特点就是十分强调外汇储备的“务实”功能，即一旦经济受到不利冲击，货币当局就准备实实在在地用“真金白银”去满足进口、支付 FDI 利润汇出、偿付债务和干预汇率的需要。在浮动汇率制下，满足上述四项需要的功能大大弱化。如今，外汇储备管理的核心在于“保持信心”(李扬、余维彬、曾刚，2007)。2001 年，国际货币基金组织通过了名为《国际储备管理指导》的文件，对国际储备的新实践做出了总结。在该文件中，国际储备管理的目标是：①有充分的外汇储备来达到一系列被定义的目标；②用谨慎原则来管理国际储备的流动性风险、市场风险和信用风险；③在流动性风险和其他风险的约束条件下，通过将国际储备投资于中长期金融工具而获得一个合理的收益。针对第一点需要说明的是，外汇储备被定义的目标主要有：①支持公众对本国(地区)货币政策与汇率管理政策的信心；②通过吸收货币危机冲击以及缓和外部融资渠道阻塞，来克服本国(地区)经济的外部脆弱性；③提供一国(地区)能够偿还外债的市场信心；④支持公众和外部投资者对本国(地区)货币稳定的信心；⑤支持政府偿还外部债务与使用外汇的需要；⑥应付灾难和突发事件。从上述具体目标表述中可以看出，当今国际储备管理目标的重心在于作为一种信心保证，外汇储备的这一功能是在新的国际金融形势下产生在又一新的功能。因此，为了增加国内外公众对本国经济的信心，产生了对外汇储备保证性的需求。

3.4.3 影响中国外汇储备需求因素分析

要想合理确定外汇储备适度规模，就必须全面分析并界定影响外汇储备的需求因素。外汇储备需求的影响因素数量较多而且错综复杂，通过上面总结的四个方面的外汇储备需求，影响中国外汇储备需求的因素主要有以下几个方面：进口用汇需求、对外债务还本付息需求、外商直接投资利润汇回需求、干预外汇市场维持汇率稳定需求、持有储备的成本和收益以及维持公众对经济稳定的信心需求等。

前三个构成交易性需求，后三个依次属于预防性需求、盈利性需求和保证性需求。

1. 进口用汇对外汇储备的需求

一国外汇储备的需求受到贸易进口额的影响。1994 年我国进口额突破 1 000亿美元，2000 年突破 2 000 亿美元，仅隔三年，即 2003 年就达到了

4 000亿美元，然后每年以 1 000 亿美元的速度增加，截至 2008 年达到了 11 330.9亿美元(图 3-3)。随着进口规模的增长，对外汇储备的需求也会增加。定量分析时，可以用储备进口比例来衡量这一部分的储备需求。这一需求是国际贸易正常进行的需求，因此归入交易性需求。

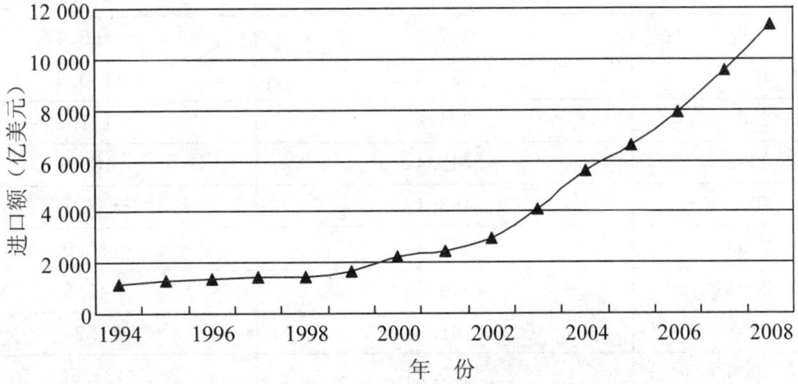

图 3-2　1994—2008 年进口总额趋势图

数据来源：中华人民共和国商务部统计数据。

2. 外商直接投资(FDI)利润汇回对外汇储备的需求

20 世纪 80 年代末以来，FDI 大量流入中国。对于发展中国家来说，FDI 的引进首先弥补了国内资本的不足，但更为重要的是由于"溢出效应"，它的载体跨国公司为东道国带来了更好的制度、技术和管理从而促进了经济的增长，这也是广大发展中国家引进外资的初衷。事实上，FDI 对发展中国家(包括中国)经济增长的贡献是有目共睹的。中国从 1993 年以来引进 FDI 的数量已连续 11 年居发展中国家之首，联合国贸易和发展会议(UNCTAD)发布的《2004 年世界投资报告》指出，2003 年中国超过美国成为世界第一大 FDI 引进国。虽然外商投资没有还本付息的要求，但是该种投资方式的利润率很高，因此，接受投资的东道国其经常项目每年会有大量的利润汇出。中国较大规模的直接投资产生的利润汇出会对中国的对外支付形成支付压力，从表 3-8 可以看出，随着每年外商在华直接投资的稳定增加，2004 年之前，我国投资收益一直处于逆差，平均每年需要利润汇出达到 150 亿美元左右，因此，对外汇储备也形成了较大的需求。2005 年开始，投资收益出现了十多年来罕见的顺差，而且顺差规模不断扩大，这主要是由于两方面原因所致。一方面与人民币升值预期有很大关系，人民币升值预期使外商减少了利润汇回，而更愿意以人民币形式持有。但随着人民币升值预期减弱，投资收益汇出将随着外商直接投资的增加而增加。另一方面与我国对外资产规模扩大有关，随着我国对外直接投资增加，利润利息等投资收益汇回国内增加。

表 3-8 1997—2008 年外国在华直接投资和投资收益统计表

单位：亿美元

项目 年份	外国在华直接投资	投资收益
1997	442.4	−111.7
1998	437.5	−165.4
1999	387.5	−140.9
2000	384.0	−141.9
2001	442.4	−186.2
2002	493.1	−46.7
2003	470.8	−80.0
2004	549.4	−41.5
2005	791.3	91.2
2006	780.7	131.7
2007	1 384.1	213.5
2008	1 477.9	250.4

数据来源：根据国家外汇管理局网站公布的历年国际收支平衡表编制而成。

3. 外债还本付息对外汇储备的需求

外债规模及结构是影响外汇储备的重要因素之一。由于市场环境的变化，中国的外债增长较快，短期外债增长更是迅速。2007 年，中国的外债余额已达到 3 736 亿美元，并且短期外债占外债余额比重不断上升，1994 年至 2000 年间，这一比例保持在 10%左右，2001 年增长到 29.75%，2005 年突破了 50%，到 2007 年则高达 58.9%(表 3-9)，这一比例远远高于国际警戒线。从国际经验来看，短期外债占比在 20%～25%属于比较安全的范围。另外，自改革开放以来借入的中长期外债已进入偿债高峰期，所以对外汇储备的需求也不断加大。

表 3-9 1994—2008 年中国外债余额及其结构表 单位：亿美元

年份	外债余额(TD)	短期外债余额(SD)	长期外债余额(LD)	SD/TD(%)
1994	928.06	104.15	823.91	11.22
1995	1 065.9	119.16	946.74	11.18
1996	1 162.75	141.08	1 021.67	12.13
1997	1 309.6	181.4	1 128.2	13.85
1998	1 460.43	173.4	1 287	11.87

续表

年份	外债余额(TD)	短期外债余额(SD)	长期外债余额(LD)	SD/TD(%)
1999	1 518.3	151.8	1 366.5	10.00
2000	1 457.3	130.8	1 326.5	8.98
2001	1 701.1	505.8	1 195.3	29.73
2002	1 713.6	558	1 155.6	32.56
2003	1 936.34	770.44	1 165.9	39.79
2004	2 285.96	1043.1	1 242.87	45.63
2005	2 810.45	1 561.43	1 249.02	55.56
2006	3 229.88	1 836.28	1 393.6	56.85
2007	3 736.2	2 200.8	1 535.3	58.90
2008	3 747	2 108	1 639	56.26

数据来源：国家外汇管理局网站。

4. 维持汇率稳定对外汇储备的需求

为维持汇率稳定而对储备的需求属于预防性需求。从国际范围内来看，经济开放程度较高或者实行固定汇率制度的国家和地区，一般把预防性需求视为持有外汇储备最主要的驱动因素。目前，我国经济的开放程度依然在继续提高。如果仅仅从外贸依存度、外商投资企业对外贸的贡献度等指标观察，我国对外开放的程度事实上已经达到了相当高的水平。随着对外经济往来规模的不断扩大，如何充分利用外汇储备在外汇市场上所能够发挥的干预和调节作用，缓解国际经济可能对国内经济运行造成的冲击，是摆在我国外汇储备管理工作中的一个越来越重要的新课题。同时，虽然我国在 1994 年外汇体制改革后实行了有管理的浮动，但是直到 2005 年 7 月 21 日人民币汇率及其形成机制调整后，中国人民银行仍然把保持人民币汇率在合理、均衡水平上的基本稳定作为主要职责，可见汇率稳定仍然是保持我国经济内外均衡的重要措施。尤其是近年来金融货币危机频繁发生，这要求中央银行拥有一定外汇储备以调节外汇市场供求，维护本币汇率的稳定。

5. 考虑持有储备成本和收益因素对外汇储备的需求

对于一个外汇储备具有相当规模的国家来说，如果其外汇储备全部以货币形式持有，在收益方面就会遭受较大的利息损失。从中长期看，中央银行在持有较大规模的外汇储备时，就需要考虑获得较高的外汇储备投资回报。虽然各国货币当局在持有外汇储备资产时更注重资产的安全性和流动性，而相对不怎么追求盈利性，但随着世界外汇储备规模的不断增加以及金融市场上汇率、利率的频繁波动，盈利性越来越引起各国重视。

在我国目前拥有巨额外汇储备的情况下，由于持有外汇储备的机会成本很高(在第2章已经估算出我国每年持有外汇储备的机会成本高达9%～10%)、代价较大，也促使我们在保证安全性和流动性的前提下，必须开始注意外汇储备资产的盈利性需求和满足一定风险投资的需求。因此，目前对外汇储备的盈利性需求也较强。

6. 维持公众对经济稳定的信心对外汇储备的需求

外汇储备不仅仅是弥补国际收支的需要，对于维持国内各项经济指标的稳定也起着不可忽视的保证作用。首先，通过1997年亚洲金融危机可以看到，外汇储备本身不仅是维持汇率稳定的工具，更是本币汇率预期稳定和信心的保证，没有充分的外汇储备就无法抵御和阻止汇率危机和恶意投机。从历次金融危机的教训来看，金融危机往往首先从货币危机开始，而保持充足的外汇储备使得稳定本国货币、迅速化解危机成为可能。外汇储备对于国际资本具有一定的威慑力，目前国际金融市场上充斥着大约7.2万亿的短期游资，具有很强的投机性，其频繁的流入和流出会损害一国的经济稳定。亚洲金融危机爆发的直接导火索就是短期游资，所以需要充足的外汇储备来预防国际游资对我国的冲击。

其次，充足的外汇储备有助于提高我国的国际信誉，是吸引外商直接投资、鼓励本国企业对外投资以及对外借款和还本付息的保证。在我国吸引外商直接投资和对外债务不断增长的情况下，需要更多的外汇储备为其偿还作为信心上的保证。

再次，充足的外汇储备是我国经济持续发展的保证。只有维持经济的稳定发展才能保证一国的国力强大。实证分析表明，当经济发展较快时，国内投资需求和消费需求越强劲，经常项目就越可能出现逆差。因此当经济快速发展时，应持有较多的外汇储备。2003年至2007年的5年时间里中国的经济增长速度一直维持在10%以上；即使在金融危机全面爆发的2008年，我国经济增长速度也达到了9%；今年我国制定的经济增长目标是8%，要维持这样一个增长速度就必须要有强大的外汇储备作后盾。

再其次，由于意识形态及社会制度上的差异，在当今国际政治、经济舞台上，我国常处于被歧视和排斥的地位。一旦遭遇国际政治、经济危险或危机，很难保证其他国家尤其是西方发达国家或国际组织能够及时向我国伸出援手。因此，对于在当前世界政治、经济格局中处于特殊地位的我国，要更多地依靠自己的经济实力和充足的外汇储备来渡过危机。

最后，在未来几年金融开放过程中，中国要逐步实现人民币自由兑换，甚至要实现人民币的国际化，这个过程的不确定性较大，也需要持有一些外汇储备作为其保证。综上所述，我国对保证性外汇储备的需求也较强。

3.4.4　中国外汇储备适度规模需求模型的建立

1. 外汇储备需求模型的基本假设

为了使研究简化并不失一般性，本节将外汇储备基本需求模型的基本假设条件定义为：

①假设外汇储备需求由交易性外汇储备、预防性外汇储备、盈利性外汇储备和保证性外汇储备构成；

②假设外汇储备基本需求——交易性需求、预防性需求、盈利性需求和保证性需求可能同时出现，各部分储备需求之间互不影响、彼此独立。

2. 模型的建立

一国外汇储备的基本功能是满足贸易用汇需求、FDI 利润汇出需求、定期偿还外债需求、为防止外汇市场出现大幅振荡而进行干预外汇市场需求、维持公众信心需求，以及在满足上述需求后，为了获得收益、减少成本的需求。从需求动机角度来说，就是要满足交易性需求、预防性需求、盈利性需求和保证性需求。因此，本书确立的中国外汇储备基本需求函数如下：

$$R_{opt} = R_1 + R_2 + R_3 + R_4 \tag{3-3}$$

式中，R_{opt}为适度外汇储备；R_1为交易性储备；R_2为预防性储备；R_3为盈利性储备；R_4为保证性储备。

各子项需求函数内容如下：

(1)交易性外汇储备需求函数

根据上文分析，外汇储备交易性需求函数 R_1 由几个不同部分构成，在决定储备需求量时这些部分都必须考虑进去。因此，其模型可以简单地设定为

$$R_1 = R_m + R_f + R_d \tag{3-4}$$

R_m表示维持正常进口所需要的外汇储备量，如果以 a_1 表示进口支付周转率，即维持正常进口所需外汇占全年贸易进口额的比例，以 IMP 表示全年贸易进口额，则 $R_m = a_1 \times IMP$。R_f表示维持外商直接投资利润汇出的储备需求量，如果以 a_2 表示利润汇出率，即外国直接投资企业利润汇出占累计外商直接投资的比例，以 FDI 表示外商直接投资的累计余额，则 $R_f = a_2 \times FDI$。R_d 表示外债还本付息对储备的需求，如果以 a_3 表示还本付息率，即外债还本付息占累计外债余额的比例，以 DEB 表示累计外债余额，则 $R_d = a_3 \times DEB$。

则 R_1 的具体表达式为

$$R_1 = a_1 IMP + a_2 FDI + a_3 DEB \tag{3-5}$$

(2)预防性外汇储备需求函数

预防性外汇储备需求 R_2，表示一国货币当局在外汇市场出现大幅振荡、发生金融危机时，为及时干预市场而持有的外汇储备，可用下式表示：

$$R_2 = a_4 \times T \tag{3-6}$$

式中，T 为外汇市场交易总额；a_4 表示干预外汇市场用汇率。

(3)盈利性外汇储备需求函数

盈利性外汇储备需求 R_3，是一国货币当局利用外汇储备进行国际金融市场投资或风险管理，获得更高收益的需求。但获得投资收益的同时，持有外汇储备也存在着机会成本。所以确定盈利性储备需求的规模时，既要考虑投资收益也要考虑机会成本因素。而阿格沃尔模型就是在充分考虑持有储备的边际成本和边际收益情况下确定适度储备规模的一种方法，所以我们可以借用阿格沃尔模型来衡量盈利性储备需求的规模。

$$R_3 = \frac{D}{\log\pi}(\log m + \log q_2 - \log q_1) \tag{3-7}$$

式中，D 是国际收支逆差额；π 为逆差出现的概率；m 是该国单位资本的产出效率，即资本产出比率的倒数；q_1 是该国追加资本中的进口比重；q_2 是进口资本占该国总产出的比重。

(4)保证性外汇储备需求函数

保证性外汇储备需求 R_4，很难通过定量的方法来衡量，只能通过定性的方法来估计。

通过上述具体分析，在不考虑保证性外汇储备需求的情况下，我国具体外汇储备需求模型为

$$\begin{aligned} R_{opt} &= R_1 + R_2 + R_3 \\ &= a_1 \times IMP + a_2 \times FDI + a_3 \times DEB + a_4 \times T + \frac{D}{\log \pi}(\log m + \log q_2 \\ &\quad - \log q_1) \end{aligned} \tag{3-8}$$

3.4.5 中国外汇储备适度规模的测量与分析

各项外汇储备需求分析如下。

1. 维持正常进口的用汇需求

通常将外汇储备支持外贸进口的时间作为衡量外汇储备的重要指标，一般认为一国的储备量应以满足 3 个月的进口为宜，这也是比例分析法最先使用的指标。按全年储备额对进口的比率计算，一国的外汇储备对进口的比例一般以 40％为适度，最低不能小于 20％，低于 30％就需要采取调节措施。由于我国进口倾向较高，同时在加入 WTO 后，由于大幅度地降低关税和取消多种关税限制，进口量有可能出现大幅度增加，从而产生对外汇储备的需求量也相应增加，可将此比例适当调高，因此 a_1 可以设定在 25％～45％之间。

2. FDI 利润汇出的用汇需求

世界银行估算 20 世纪 90 年代在发展中国家的 FDI 的年平均投资收益率为 16％～18％，而在非洲的撒哈拉沙漠贫穷国家 FDI 的年均收益率更是高达

24%～30%。国际货币基金组织认为跨国公司在中国投资的投资回报率为13%～14%①。根据上述数据，考虑到一些偶然因素，我们将外商直接投资利润汇出率 a_2 限定在 11% ～16%。

3. 偿付外债本息的用汇需求

还本付息率 a_3 虽然没有直接的数据，但可以通过计算得到。因为 a_3 = 当年偿还外债本息/外债余额，偿债率＝当年偿还外债本息/当年贸易和非贸易外汇收入，债务率＝外债余额/当年贸易和非贸易外汇收入，所以 a_3 = 偿债率/债务率。

偿债率和债务率都是国家债务风险指标，容易获得。因此，还本付息率可以通过计算得到。表 3-10 说明 1994 年至 2003 年 10 年间，该比率一直在 10% 以上，尤其是 2000 年、2002 年和 2003 年都达到了 17%以上；从 2004 年开始又大幅下降，在 10%以下。这 15 年(1994—2008 年)的平均还本付息率为 12%。根据上述分析，可将 a_3 设定在 9% ～15%。

表 3-10　中国偿债率、债务率、还本付息率　　单位：%

年份	偿债率	债务率	还本付息率
1994	9.1	78	11.7
1995	7.6	72.4	10.5
1996	6	67.7	8.9
1997	7.3	63.2	11.6
1998	10.9	70.4	15.5
1999	11.3	69.5	16.3
2000	9.2	52.1	17.7
2001	7.5	56.8	13.2
2002	7.9	46.1	17.1
2003	6.9	39.9	17.3
2004	3.2	34.9	9.2
2005	3.1	33.6	9.2
2006	2.1	30.4	6.9
2007	2	27.8	7.2
2008	1.8	23.7	7.6

数据来源：中国外汇管理局网站(http：//www.safe.gov.cn)历年数据。

① 毛中根，段军山．FDI 投资收益汇出与潜在国际收支危机的理论及经验分析[J]．国际金融研究，2005(3)。

综上分析，上述三项所需外汇储备需求的上下限见表 3-11。

表 3-11　进口、外商直接投资、外债还本付息所需外汇储备(R_1)上下限

单位：亿美元

年份	R_m 进口用汇需求			R_f FDI 利润汇回需求			R_d 外债还本付息需求		
	IMP	上限(45%IMP)	下限(25%IMP)	FDI	上限(16%FDI)	下限(11%FDI)	DEB	上限(15%DEB)	下限(9%DEB)
1994	1 156.2	520.29	289.05	973.50	155.76	107.09	928.06	139.21	83.53
1995	1 320.8	594.36	330.20	1 348.70	215.79	148.36	1 065.9	159.89	95.93
1996	1 388.3	624.74	347.08	1 765.90	282.54	194.25	1 162.75	174.41	104.65
1997	1 423.7	640.67	355.93	2 218.50	354.96	244.04	1 309.6	196.44	117.86
1998	1 402.4	631.08	350.60	2 673.10	427.70	294.04	1 460.43	219.06	131.44
1999	1 657.0	745.65	414.25	3 076.30	492.21	338.39	1 518.3	227.75	136.65
2000	2 250.9	1 012.91	562.73	3 483.50	557.36	383.19	1 457.3	218.60	131.16
2001	2 435.5	1 095.98	608.88	3 952.20	632.35	434.74	1 701.1	255.17	153.10
2002	2 952.2	1 328.49	738.05	4 497.70	719.63	494.75	1 713.6	257.04	154.22
2003	4 128.4	1 857.78	1 032.10	5 027.10	804.34	552.98	1 936.34	290.45	174.27
2004	5 613.8	2 526.21	1 403.45	5 621.0	899.36	618.31	2 285.96	342.89	205.74
2005	6 601.2	2 970.54	1 650.30	6 345.01	1 015.20	697.95	2 810.45	421.57	252.94
2006	7 916.1	3 562.25	1 979.03	7 126.01	1 140.16	783.86	3 229.88	484.48	290.69
2007	9 558.2	4 301.19	2 389.55	8 510.01	1 361.60	936.10	3 736.2	560.43	336.26
2008	11 330.9	5 098.91	2 832.73	9 987.91	1 598.07	1 098.67	3 747	562.05	337.23

数据来源：《中国统计年鉴》、中国外汇管理局网站历年数据、中经数据网综合年度数据。

4. 干预外汇市场的用汇需求

国家干预外汇市场的用汇需求主要根据一国的外汇市场交易规模、市场调控的能力和外汇市场的稳定性来综合确定。国内学者普遍认为，中国干预外汇市场所用外汇与外汇交易总额的比率在 10%～15%之间①。

① 魏晓琴．对阿格沃尔模型的改进及运用[J]．世界经济研究，2004(8).

表 3-12　干预外汇市场所需外汇储备(R2)上下限　　单位：亿美元

年份	T(外汇市场交易规模)	上限(15%T)	下限(10%T)
1994	408.0	61.20	40.8
1995	655.2	98.28	65.52
1996	628.4	94.26	62.84
1997	700.2	105.03	70.02
1998	519.6	77.94	51.96
1999	314.5	47.18	31.45
2000	421.8	63.27	42.18
2001	750.3	112.55	75.03
2002	971.9	145.79	97.19
2003	1 511.3	226.70	151.13
2004	2 099.0	314.85	209.9
2005	3 167.1	475.07	316.71
2006	5 040.5	756.08	504.05
2007	7 062.7	1 059.41	706.27
2008	9 176.9	1 376.54	917.69

数据来源：中国人民银行网站、中经数据网综合年度数据。

注：2005 年 7 月以后外汇市场交易额我国官方开始不予公布，因此只能以日平均成交量乘以交易天数来估算。

5. 盈利性外汇储备需求

盈利性外汇储备需求部分可以用阿格沃尔模型来衡量，其需要的储备规模可以参见上一节基于阿格沃尔模型对我国外汇储备适度规模进行衡量的测算结果。

6. 维持经济稳定的保证性需求

一国究竟应该持有多少储备才能维持经济稳定的信心，很难通过定量的方法来衡量。为了保证本国货币价值稳定、人民币汇率制度改革的成功、对国际游资起到震慑作用、实现人民币自由兑换和人民币国际化、保持本国经济的持续增长都需要充足的外汇储备作为保证。这种保证需求不仅要看当前的外汇储备存量规模，还要从长期来分析外汇储备来源即外汇储备的供给是否具有可持续性。外汇储备供给如果具有可持续性，则外汇储备的持有额可以相对少一些，否则，外汇储备的持有额必须相对高一些，以增加公众的信心。由于外汇储备来源于一国国际收支中的经常账户和资本与金融账户盈余，与该国国际收支息息相关，因此，可以通过分析我国外汇储备来源结构的变动以及我国国际收支中两大账户的发展趋势，来洞察外汇储备的发展动向，从而来判断外汇储备的供给是否具有可持续性。

(1)对我国外汇储备来源结构变动的分析

根据国际收支平衡表的编制原理，在不考虑统计误差的情况下，储备资产的增减与经常账户差额、资本与金融账户(简称资本账户)差额有着密切的关系。在我国的储备资产中，外汇储备占绝大部分且其他部分几乎没有变化，这种情况下外汇储备变动的来源主要是经常账户和资本账户差额的变动。

表 3-13　1994—2008 年经常账户差额、资本账户差额与外汇储备增加额变动统计表

单位：亿美元

项目 年份	经常账户差额 (ΔCA)	资本和金融账户差额 (ΔCFA)	外汇储备增加额 (ΔR)
1994	76.56	326.44	304.21
1995	16.18	386.75	219.77
1996	72.42	399.67	314.52
1997	369.63	210.15	348.41
1998	293.24	−63.21	50.69
1999	156.67	76.42	97.16
2000	205.19	19.22	108.99
2001	174.05	347.75	465.91
2002	354.22	322.91	742.42
2003	458.74	527.26	1 168.44
2004	686.59	1 106.59	2 066.81
2005	1 608.18	629.64	2 089.40
2006	2 532.68	66.62	2 474.72
2007	3 718.33	735.09	4 619.05
2008	4 261.07	189.65	4 177.81

数据来源：根据国家外汇管理局历年国际收支平衡表有关数据整理。

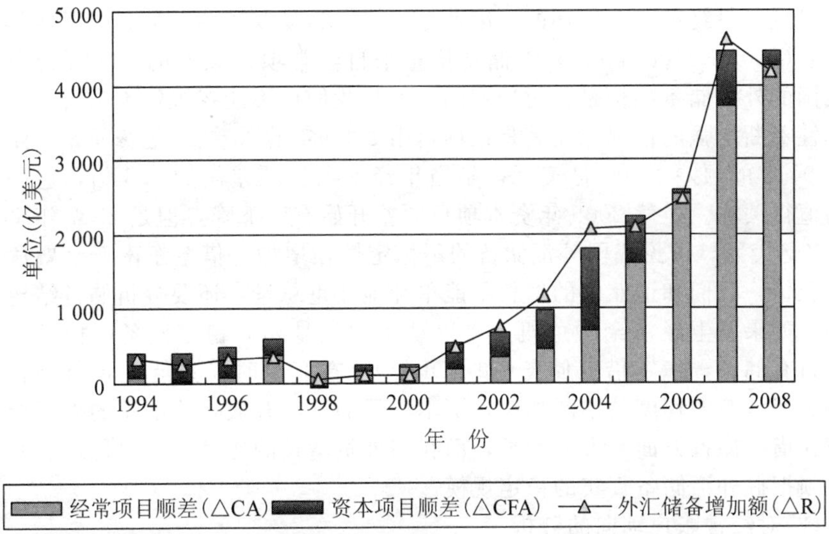

图 3-3　1994—2008 年经常账户差额、资本账户差额与外汇储备变动趋势图

数据来源：根据表 3-13 相关数据绘制。

表 3-13 和图 3-3 描述了从 1994 年到 2008 年我国国际收支平衡表中经常项目差额(ΔCA)、资本和金融项目差额(ΔCFA)以及外汇储备变动(ΔR)趋势。从中可以看到，从 1994 年至 1996 年这三年中 ΔCFA ＞ΔCA，而且 ΔCFA 递增，ΔCA 顺差额较小，这个阶段外汇储备的增加基本上处于比较稳定的状态，此阶段外汇储备的增加主要来源于 ΔCFA 的增加。从 1997 年至 2000 年这个阶段 ΔCA＞ΔCFA，而且 ΔCA 和 ΔCFA 都表现为递减，这个阶段外汇储备的增长出现大幅度的下滑，此阶段外汇储备的增加主要来源于 ΔCA 的增加。从 2001 年至 2004 年，除 2002 年 ΔCA＞ΔCFA 外，其余年度 ΔCFA＞ΔCA ＞0，而且 ΔCFA 和 ΔCA 都表现为递增，这个阶段外汇储备出现了大幅度的上升。该阶段外汇储备的增加是 ΔCA 和 ΔCFA 共同增加的结果，其中 ΔCFA 比 ΔCA 的贡献略大，尤其是 2001 年和 2004 年，资本项目对外汇储备的贡献率达到 75％和 54％的水平。2005 年开始至今，由于对外投资增长较快，资本和金融项目顺差比例下降幅度较大，而经常项目顺差增长迅速，2005—2008 年，ΔCA＞ΔCFA。综上所述，我国外汇储备来源中的主要贡献因素交替出现，近几年储备来自于经常项目部分所占比重小的局面有所改变，但尚未形成一种稳定的模式，波动性在增强。

众所周知，外汇储备来自经常项目余额要比来自资本项目余额稳定。来自经常项目余额的外汇储备为自有储备，而来自资本项目的储备多为借入储备。借入储备来自于国际投资和国际信贷，国际投资要求利润汇回，国际信贷要求还本付息，最终都是要偿还的，因此是不稳定、易变动的。从我国近四年的情况来看(2005—2008年)，外汇储备增量来自经常项目顺差的占主要部分，可见我国的外汇储备结构是相对稳定的。但是我们也不能忽视资本项目在近几年波动性不断增强的情况，尤其是该项目由2000年的顺差19亿美元，一路攀升至2004年的顺差1 100亿美元，是当年经常项目顺差额的1.6倍，这一增长尤为值得关注。虽然2005年资本项目顺差开始有所下降，但是2007年又达到700多亿美元，可见我国外汇储备的不稳定性在增加。借鉴东南亚金融危机的经验教训，我们知道储备的增长不能单纯地注重总量，还要分析储备结构的稳定性。如果发生经济金融危机，可以动用的只是相对稳定储备，相对稳定储备＝自有储备＋稳定借入储备(如FDI等)，在有些时候只能是自有储备。随着我国经济开放程度的不断加深，资本项目的不断开放，我国总的外汇储备规模将在借入储备方面有大的增长，而我国外贸增长的比例要相对稳定。所以我们必须把握外汇储备真实的稳定规模。

(2)对经常账户动向的分析

经常账户是一国国际收支平衡表中最重要的项目，是对实际资源在国际间的流动行为进行记录的账户，反映了一国商品在国际市场竞争力的高低。我国的经常账户顺差自1994年外汇管理体制改革后逐年增加，其间受亚洲金融危机影响，1998—2001年出现下降，2002—2008年顺差稳步增加(表3-13)。经常账户包括货物、服务、收益和经常转移四个子项目。下面就从出口、进口、投资收益、服务出发，来具体分析我国经常账户的变动情况。

我国出口商品结构中仍以劳动密集型商品为主，低附加值的一般贸易和加工贸易品占多数，而具有高科技含量的产品仅占少数。总体来说，我国的出口商品与东南亚各国在出口目的地和产品结构上存在很大的同一性。这类产品技术含量较低，产品差异化程度低，因此其市场竞争以价格竞争为主，但这又违背了WTO的《反倾销协议》，容易遭受进口国的反倾销制裁。这种依赖于低人力成本竞争、缺乏自主知识产权的“粗放式外贸”在国际价值链中仍处于低端。加之人民币升值，提高了以外币表示的国内商品的价格，从长期来看，在一定程度上也会抑制出口的增加。另外，受美国次贷危机的影响，我国出口额今后会受到严重影响。经验分析表明，我国出口增长与世界经济增长之间有着十分紧密的联系。国际社会普遍预计，2008—2009年世界经济低速缓慢增长。2008年以来我国出口已经出现了增速明显回落的现象，前8个月出口增长22.4%，同比回落了5.4个百分点。其中，对美国出口增长10.6%，回落了6.1个百分点；对欧盟出口增长26.3%，回落了5.3个百分点。2008年11月出口下降2.2%，这是自2001年7月以来首次出现当月负增长。11月份的出口增速出现了负增长，让人感觉到出口的寒冬已经到来，2008年12月，出口继续下降2.8%。在世界经济回调过程中，我国出口行业生产、就业形势比较严峻。

在进口方面，中国已成为能源消费和进口大国。中国是全球最大的煤炭消费国，也是最大的钢铁、铜和水泥消费国，其中 2007 年铜进口量占消费总量的 40%，占世界进口总量的五分之一强。2003 年，中国超过日本，成为仅次于美国的全球第二大石油消费国。2004 年，中国石油进口首次突破亿吨。2007 年，我国原油对外依存度为 47%，石油进口量相当于我国生产量的 2.1 倍。我国对锌、镍、铝等有色金属矿产品的进口需求也将成倍增长。能源需求随着居民消费水平的提高还会进一步增加，巨额的能源需求会进一步加大中国的进口。另外，我国的粮食进口一直大于出口。由于我国耕地面积和务农人员正处于不断减少的趋势，粮食供求矛盾会进一步加大，我国对棉花、水稻、小麦等农产品的进口需求将大幅度增加，我国有可能成为国际市场上农产品的最大购买者。其中 2007 年大豆进口量占世界进口总量的 45%，相当于我国生产量的 2.4 倍。再者，我国要发展高科技行业，改善经济结构，也离不开高新技术和设备的进口，这方面的进口也会增加。因此，从长期来看，我国的进口需求还是比较大的。

再看经常项目中服务和投资收益项目的变动趋势。从表 3-14 和表 3-15 中可以看出，服务项目逆差在 1993—2008 年呈逐年扩大趋势。1993—2001 年投资收益逆差基本呈逐年扩大的趋势，1993 年为－12.8 亿美元，2001 年则扩大到－186.2 亿美元。投资收益逆差扩大的原因与逐年增加的外商在华直接投资有关。自 2002 年起逆差规模迅速下降，2005 年开始出现了十多年来罕见的顺差。2002 年以后逆差规模锐减与人民币升值预期有关系，外商预期人民币存在升值空间，从而减少了利润汇回，而更愿意以人民币形式持有。因此，随着人民币升值预期减弱，投资收益逆差将随着外商直接投资的增加而增加。

表 3-14　1993—1996 年中国非贸易往来项目和直接投资项目差额演变情况

单位：亿美元

项目	1993 年	1994 年	1995 年	1996 年
非贸易往来	－24.2	－9.7	－178.7	－144.2
其中：货运	－36.5	－50.4	－86.7	－73.6
港口供应与服务	－1	0.7	0.8	0.08
旅游收支	18.9	42.9	50.4	57.3
投资收支	－12.8	－10.4	－117.7	－124.4
其他非贸易往来	7.3	7.6	－25.4	－3.6
外商在华直接投资	275.2	337.9	358.5	401.8

数据来源：根据国家外汇管理局网站公布的历年国际收支平衡表编制而成。

表 3-15　1997—2008 年中国服务、投资收益以及外国在华直接投资差额演变情况

单位：亿美元

项目	1997 年	1998 年	1999 年	2000 年	2001 年	2002 年
服务	－34	－27.8	－53.4	－56	－59.3	－67.8
投资收益	－117.7	－165.4	－140.9	－141.9	－186.2	－146.7
外国在华直接投资	442.4	437.5	387.5	384.0	442.4	493.1
项目	2003 年	2004 年	2005 年	2006 年	2007 年	2008 年
服务	－85.7	－97.0	－93.9	－88.3	－79.0	－118.1
投资收益	－80.0	－41.5	91.15	131.66	213.5	250.4
外国在华直接投资	470.8	549.4	791.3	780.9	1 384.1	1 477.9

数据来源：根据国家外汇管理局网站公布的历年国际收支平衡表编制而成。

注：表和表之所以出现差异，是因为国家外汇管理局公布的 1997 年前后的国际收支平衡表采用不同的统计口径的缘故。

通过上文对中国国际收支中经常账户的动向分析可以看出，贸易保护主义使我国低附加值商品的出口面临困难，同时能源需求、粮食和机械设备等进口的增加，服务支出的增加，投资收益支出的增加，使经常账户盈余从长远来看不容乐观。

(3)对资本与金融账户动向的分析

在资本与金融账户下，外商主要通过直接投资、证券投资和其他投资进入我国。

首先，分析直接投资的动向。改革开放以来，我国年均经济增长率达 9%以上，由此吸引了大量外资流入。1993 年我国吸收外商直接投资净额仅为 275.2 亿美元，2003 年中国超过美国成为世界第一大 FDI 引进国，到 2008 年我国吸收外商直接投资净额达到 1 400 多亿美元。但是数据显示，1994—2008 年，我国外商直接投资的增速呈现出较强的不稳定性(图 3-5)。并且由于外商直接投资主要受经济增长和开拓市场的驱动，外商直接投资将直接受我国 GDP 增长的影响。虽然我国 GDP 的实际增速连续 5 年(2003—2007 年)超过预期目标，且都达到 10%以上，但值得注意的是，2008 年我国经济运行面临着前所未有的挑战，全年 GDP 增长只有 9%。从国内来看，2008 年年初南方部分地区遭遇的罕见低温雨雪冰冻灾害、年中四川大地震都给经济带来了一定损失；从国际来看，2008 年 9 月美国次贷危机迅速演变成全球金融危机，美国、日本、英国以及欧元区国家的经济在 2008 年下半年出现持续负增长；受外需放缓和外资流出等影响，多数新兴市场国家经济增长也明显放缓。联合国开发计划署驻华代表处在《2009 年世界经济形势与展望》报告中预测，2009 年中国经济增长率在基本情况下为 8.4%，乐观情况下为 8.9%，悲观情况下为 7%。

因此，随着中国经济增长速度的放慢，外商直接投资的增长速度也将趋缓。2008 年外商直接投资净流入 1 478 亿美元，增长 7%，增幅比上年下降近 70 个百分点。2009 年 1 月，全国实际使用外资金额 75.41 亿美元，同比下降 32.67%，这是该数据自 2008 年 10 月以来连续第 4 个月出现同比负增长。

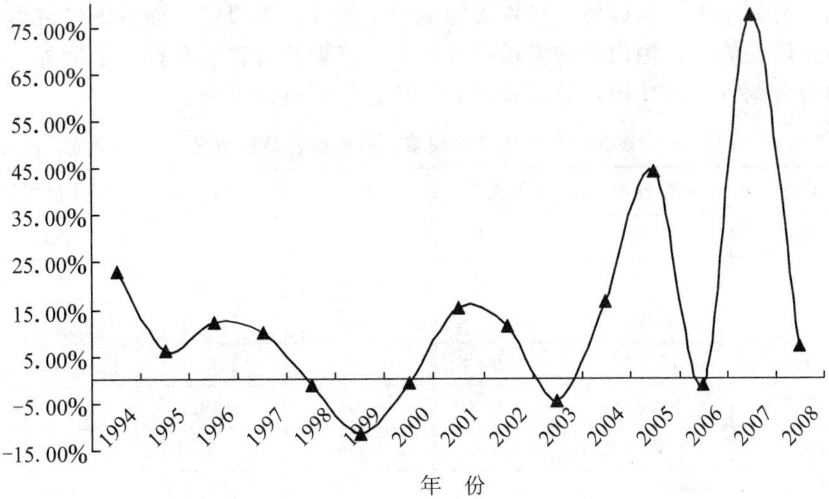

图 3-4　FDI 净流入增长率变动趋势图

数据来源：根据国家外汇管理局网站有关数据整理而成。

其次，发达国家从事制造业的资本数量有限，也不可能无限地向我国转移。从产业经济学的角度来看，发达国家的制造业投资向我国的转移也不可能成为一种常态，任何一种产业的转移都是有限度的。西方制造业资本在我国的边际投资回报率已有所降低。长江三角洲、珠江三角洲、京津唐地区这些受到外国资本青睐的主要投资地区其劳动力价格、土地价格以及商务成本等已在逐步攀升。因此，从中长期来看吸引外资的总体形势不容盲目乐观。

最后，外商直接投资一般为长期资本流入，且能为东道国带来收益和就业；但是从另一方面考虑，外商直接投资流量的加大表明我国收益账户的流出压力将加大，从而影响外汇储备的稳定性。

证券投资和其他投资方面，证券投资和其他投资的波动性很大。1993—1997 年，证券投资为顺差，1998—2002 年转为逆差。2003—2004 年，证券投资差额由负转正，2004 年达到 196.9 亿美元。由负转正的主要原因有两个，一个是受人民币升值预期影响，境外资金注入增加；另一个是境内企业在海外上市融资增加所致。2005—2006 年证券投资再次由正转负，主要原因是境内机构对境外证券投资的大幅增长。作为对境外投资主体的境内银行等机构，由于股份制改革和境外上市等因素，可运用的外汇资金增加；另外，受国际金融市场利率持续提高以及国内金融市场投资空间有限等多方面因素影响，金融机构对外投资相应增加。2007 年我国证券投资顺差 187 亿美元，2008 年顺差进一步扩大为 427 亿美元。主要原因是美、日等主要经济体增长放缓，投资收益趋降，美国次贷危机更增加了全球经济不确定性，国际主要债券价格和金融市场利率波幅增大，所以境内机构大幅减少了对外证券投资。而我国经济继续保持强劲增长势头，国内贷款需求持续增加，商业银行将部分投资于境外证券投资的资金调入境内使用，导致我国对外证券投资整体下降。

表 3-16　我国证券投资、其他投资差额情况　　单位：亿美元

年份	证券投资	其他投资	年份	证券投资	其他投资
1993	30.5	−27.0	2001	−194.1	168.8
1994	35.4	−26.9	2002	−103.4	−41.1
1995	7.9	40.4	2003	114.3	−58.8
1996	17.4	1.6	2004	196.9	379.1
1997	68.0	−255.2	2005	−49.3	−40.3
1998	−37.3	−436.6	2006	−675.6	132.6
1999	−112.3	−180.8	2007	186.7	−696.8
2000	−39.9	−315.4	2008	426.6	−1 210.7

数据来源：根据国家外汇管理局网站公布的历年国际收支平衡表编制而成。

其他投资项目反映国际贷款的借贷与偿还、贸易信贷、外币现金及存款的流出流入和所引起的收支状况。该项目收支一直处于剧烈波动之中。1995—1996 年，借用国际贷款分别达 71.75 亿美元和 62.51 亿美元，确保了该项目的顺差。1997 年，由于人民币贬值预期，外币现金与外币存款支出高达 125.15 亿美元，再加上借用国际贷款减少和政府对外贷款的增加，该项目出现了 255.2 亿美元的巨额逆差。1998 年，该项目逆差进一步扩大到 436.6 亿美元，原因是借用国际贷款出现绝对减少，再加上人民币贬值预期导致大规模的外币现金与外币存款流出。1999 年，人民币汇率预期趋于稳定，外币现金和外币存款出现 98.72 亿美元的回流，使该项目的逆差大幅降至 180.8 亿美元。2000 年，由于对外贷款剧增和外币现金与外向存款净流出，该项目逆差又大幅扩大到 315.4 亿美元。2001 年由于短期贷款和短期其他资产净流入增加，该项目顺差增至 168.8 亿美元。2002—2003 年该项目转向逆差，但逆差额度不是很大。2004 年，由于外币现金与外币存款净流入、贸易信贷资金净流入和短期贷款净流入急剧增加，该项目顺差额急剧增加至 379.1 亿美元。2005 年转为逆差 40.3 亿美元，2006 年顺差 132.6 亿美元，2007 年和 2008 年再次转为逆差，2008 年逆差高达 1 210 亿美元。

由此可见，资本账户并不是我国外汇储备增加的理想渠道，因为上述分析表明我国资本账户收支存在不稳定性，尤其是证券投资和其他投资波动性很大。而且，一国虽然可以暂时依赖资金流入来弥补经常账户逆差，但这种做法缺乏持久性。

通过上述分析和对比不难看出，我国外汇储备的来源结构正发生着较大变化，近年来借入储备比例大的状况有所改变，自有储备的比例有较大提高，这种趋势是会继续还是"昙花一现"仍有待实践的检验。通过对中国国际收支中的经常账户和资本账户的动向分析，可以看出来自于经常账户盈余的债权性外汇储备增长从长期来看不容乐观。而我国资本账户收支又存在不稳定性，吸引外商直接投资存在一系列障碍，证券投资和其他投资波动性很大。总之，从长期来看，我国外汇储备供给总体形势不容乐观，外汇储备必须超前积累以满足未来需求，保证经济稳定增长。因此，在计算出由交易需求、预防需求和盈利需求所需的外汇储备适度规模后，将外汇储备适度规模在此基础上上浮 5%①，以此来补充由于外汇储备供给的不可持续性而必须维持公众信心的需求。

综上所述，在考虑保证性储备需求的情况下，外汇储备适度规模模型可以具体表达为

$$R_{opt}=\left[a_1\times IMP+a_2\times FDI+a_3\times DEB+a_4\times T+\frac{D}{\log\pi}(\log m+\log q_2-\log q_1)\right]\times(1+5\%) \tag{3-9}$$

根据上式，利用统计数据对 1994 年以来中国外汇储备的适度规模进行计算，得出的结果如表 3-17 所示。

表 3-17　中国适度储备规模、实际储备规模与超额储备规模

单位：亿美元

年份	R_{opt}（适度储备规模）			R（实际储备规模）	ΔR（超额储备规模）
	上限	下限	中值		
1994	1 136.42	762.63	949.52	516.20	−433.32
1995	1 396.96	947.24	1 172.10	735.97	−436.13
1996	1 544.82	1 054.34	1 299.58	1 050.49	−249.09

① 魏晓琴．对阿格沃尔模型的改进及运用[J]．世界经济研究，2004(8)．其中提到"考虑到中国作为经济增长最快的发展中大国，在未来经济发展中可能出现的不确定因素，有必要建立外汇储备的风险和发展基金，以便应付经济生活中的突发事件。根据经验分析，这个基金可界定为外汇储备适度规模的 5%。"建立外汇储备的风险和发展基金对外汇储备的需求与本书中的保证性需求在本质上有相似之处。因此，此处借鉴该比例以确定保证性需求的储备规模。

续表

年份	R_{opt}（适度储备规模）			R（实际储备规模）	ΔR（超额储备规模）
	上限	下限	中值		
1997	1 735.49	1 200.78	1 468.14	1 398.90	−69.24
1998	1 806.43	1 252.30	1 529.37	1 449.59	−79.78
1999	2 040.65	1 419.00	1 729.83	1 546.75	−183.08
2000	2 311.08	1 541.56	1 926.32	1 655.74	−270.58
2001	2 553.47	1 687.96	2 120.72	2 121.65	0.93
2002	2 909.09	1 894.01	2 401.55	2 864.07	462.52
2003	3 622.89	2 290.66	2 956.77	4 032.51	1075.74
2004	4 554.56	2 826.36	3 690.46	6 099.32	2 408.86
2005	5 404.70	3 341.99	4 373.34	8 188.72	3 815.38
2006	6 528.31	4 023.71	5 276.01	10 663.44	5 387.43
2007	7 916.36	4 856.19	6 386.27	15 282.49	8 896.22
2008	9 332.39	5 710.68	7 521.54	19 460.30	11 938.76

注：R_{opt}上限为各项外汇储备需求上限之和；R_{opt}下限为各项外汇储备需求下限之和；R_{opt}中值=（R_{opt}上限+R_{opt}下限）/2；$\Delta R = R - R_{opt}$中值。

为了更直观地分析近年来中国外汇储备的走向和偏离适度范围的情况，根据上表绘制出趋势图（图 3-5），以观察实际外汇储备的走势与适度外汇储备之间的关系。

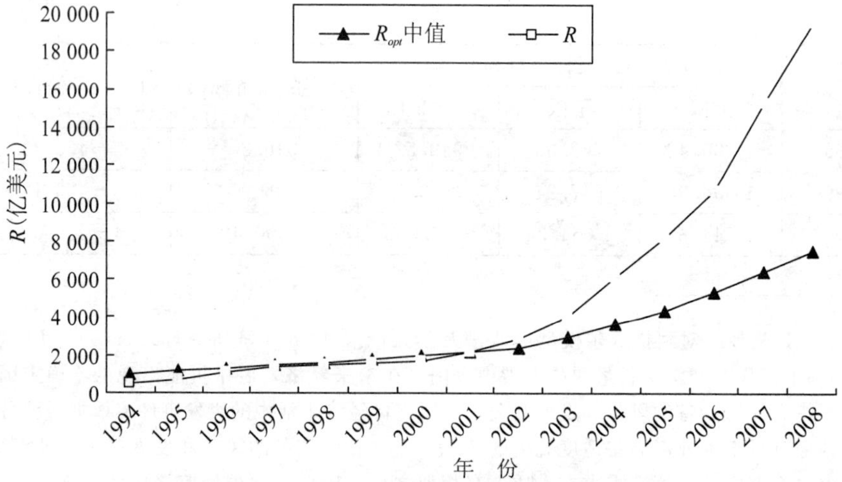

图 3-5　我国外汇储备实际规模与适度规模趋势图

由表 3-17 中的各项数值与图 3-5 的趋势可以看出，自 1994 年我国外汇管理体制进行了重大改革后，实际外汇储备规模快速增长。但在 2001 年之前，我国实际外汇储备量还是低于适度外汇储备中值的。这说明在 20 世纪 90 年代中后期，相对于我国经济的迅猛发展，我国的外汇储备还略有短缺。从图中看，1994—2000 年，实际储备量与适度储备量之间的差额并不大，差额最大的是 1995 年，短缺 436.13 亿美元，差额最小的是 1997 年，短缺 69.24 亿美元。说明这期间外汇储备的规模还是基本适度的。2001 年，实际储备规模和适度储备规模的中值基本持平，说明 2001 年的储备规模非常合理。但从 2002 年至今，实际外汇储备量均高于测算出的适度外汇储备量中值，且增幅越来越大，与测算值的差额也越来越大。2002 年，超额外汇储备为 462.52 亿美元，2008 年达到了 11 938.76 亿美元。2008 年与我国经济发展水平相适应的外汇储备需求量 5 710.68 亿美元为下限，9 332.39 亿美元为上限，而截至 2008 年年底我国的实际外汇储备量已经达到了 19 460.3 亿美元，比适度外汇储备需求量的上限还要多近 1 万亿美元。

综上所述，目前综合考虑对外汇储备的交易性需求、预防性需求、盈利性需求和保证性需求所需要的适度储备量远远低于实际储备量，说明我国外汇储备确实存在过剩的现象。外汇储备的持续增长不仅会对我国形成通货膨胀的压力、助长国际投机资本的流入，还会降低中央银行货币政策的灵活性。因此如何消化超额的外汇储备，加强对外汇储备的经营管理将是亟待解决的又一问题。

第4章 外汇储备管理效益提升途径之一——外汇储备币种结构研究

外汇储备币种结构合理是实现外汇储备管理效益提高的重要途径之一。外汇储备币种管理就是要求货币管理部门一方面要努力保持多元化的货币储备，以降低汇率波动风险；另一方面根据一国贸易结构、外债结构和汇率制度安排等，选择储备货币的币种及确定各种货币在储备中的比例。

4.1 国内外外汇储备币种结构现状

4.1.1 当前全球外汇储备币种结构现状

币种选择是全球面临的共同问题。因为目前用于国际贸易、投资的结算货币主要为美元、欧元、日元等少数币种所垄断，所以对于各国来讲币种选择的余地十分有限。尽管在目前储备货币多元化的背景之下，用于结算的币种有所增加，但由于世界强国的经济地位所决定的货币优势，对于币种的选择始终没有给予各国，尤其是发展中国家没有太多的发挥机会。因此，本书就中国币种的选择问题主要参考全球储备货币币种结构变化的趋势来进行阐述。

国际现行的外汇储备体系是一个币种多元化的储备体系。但一直以来，由于各国的通货膨胀率、汇率稳定性、发行国大小以及金融中心的规模不同，各种货币所占的比重都在不断地变化之中。

欧元问世以前，国际储备体系中主要储备币种包括：美元、德国马克、法国法郎、瑞士法郎、英镑、荷兰盾、日元、ECU及其他货币(表4-1)。在这些储备币种中又以美元、德国马克、日元、英镑和ECU为主。世界外汇储备的货币结构在布雷顿森林体系瓦解前后至欧元问世之间，发生了很大的变化。具体变化如下：布雷顿森林体系崩溃之后，美元在国际储备中的比例有所降低。但是美国经济对世界经济仍然有着举足轻重的影响，美国仍然是世界上经济实力最强、最发达的国家，因而在多元化的世界外汇储备结构中美元仍处于主导地位。从表 4-1 中可见，虽然 1990 年之前，美元在官方持有的外汇储备份额一直在下降，但最低也未低于 50%。在 20 世纪初期，德国马克、日元和法国法郎在外汇储备中所占的份额处于上升趋势，并于 1990 年、1991 年先后达到巅峰，分别为 17.3%、8.7%和 2.8%。到 1998 年年底欧元面世之前，各自的份额已经下降到了 12.2%、5.1%和 1. 4%。英镑的份额一直比较稳定，在整个 20 世纪 90 年代只上升了 1%。荷兰盾和瑞士法郎所占份额的趋势大致相近，稳中趋降，二者均未超过 3%。

1999 年欧元问世，欧元问世不可避免地会对世界外汇储备的格局产生影响(表 4-2)。1999 年美元在世界外汇储备中达到了 71%。在 2000 年和 2001 年大致保持不变，然而由于美元的贬值，在 2002 年美元的份额急剧下降到 67%。在接下来的六年中，美元份额基本维持在 65%左右的水平。虽然进入 21 世纪以来美元的强势地位逐渐衰弱，但相对而言，欧元、日元及其他货币在计价结算、储备地位等方面尚不足以与美元抗衡，因此美元在世界储备货币中仍处于主导地位。

表 4-1　世界外汇储备货币结构变化(1973—1998 年)　　单位：%

年份	美元	英镑	德国马克	法国法郎	瑞士法郎	荷兰盾	日元	ECU	其他
1973	84.6	7	5.8	1	1.2	0.3	0	0	0.1
1979	65.1	1.9	10.7	0.9	2.8	0.7	3.3	14.6	0
1985	56.4	2.9	14.2	1.1	1.0	2.2	7	10.9	4.3
1987	56	2.2	13.4	0.8	1.8	1.2	7	14.2	3.4
1990	50.1	3.1	17.3	2.3	1.3	1	8.1	10.1	6.7
1991	50.6	3.4	15.9	2.8	1.2	1	8.7	10.6	5.8
1992	54.7	3.2	13.7	2.5	1.0	0.6	7.7	10.1	6.5
1993	56.1	3.1	14.2	2.2	1.1	0.6	7.1	8.6	7.0
1994	56	3.3	14.3	2.1	0.9	0.5	7.9	8.1	6.9
1995	56.6	3.2	13.7	2	0.8	0.4	6.5	7.0	9.8
1996	58.9	3.4	13.6	1.6	0.7	0.3	6	5.9	9.6
1997	57.1	3.3	12.3	1.3	0.6	0.4	4.8	5.1	15.1
1998	60.3	3.9	12.2	1.4	0.7	0.4	5.1	0.8	15.5

数据来源：根据世界银行各年度年报中相关数据整理获得。

欧元自1999年1月1日取代了11个欧洲国家的货币及ECU之后，占外汇储备的比重一路上升，由1999年的18%上升为2002年的24%。在其后的几年里，一直维持在25%的水平左右。1999年之后，世界外汇储备中日元的份额一直处于下降趋势，截至2007年年底只有2.9%。英镑的份额在1999年至2003年之间一直比较稳定，处于2.7%左右。2004年开始，英镑所占的比重有所上升，由2004年的3.3%上升至2007年的4.7%。而瑞士法郎却一直维持在1%以下。

表4-2　世界外汇储备币种结构变化(1999—2008年)　　单位：%

年份	美元	英镑	瑞士法郎	日元	欧元	其他
1999	71.0	2.9	0.2	6.4	17.9	1.6
2000	70.5	2.8	0.3	6.3	18.8	1.4
2001	70.7	2.7	0.3	5.2	19.8	1.2
2002	66.5	2.9	0.4	4.5	24.2	1.4
2003	65.8	2.6	0.2	4.1	25.3	1.9
2004	65.9	3.3	0.2	3.9	24.9	1.8
2005	66.8	3.6	0.1	3.6	24.2	1.7
2006	64.7	4.4	0.2	3.2	25.8	1.7
2007	64.2	4.7	0.2	2.9	26.2	1.9
2008	64.6	4.6	0.1	3.1	25.5	2.0

数据来源：根据IMF官方公布的COFER(http://www.imf.org/external/np/sta/cofer/eng/index.htm)相关数据整理而来。

通过对世界外汇储备币种结构变化的分析可以看出，当今世界外汇储备的货币结构是以美元为主，其他经济发达国家的强势货币并存的一种多元化格局。并且欧元问世以来，由于法国法郎、荷兰盾、德国马克以及ECU都并入欧元，因而储备货币选择范围小了很多，主要的外汇储备局限在美元、欧元、日元、英镑等主要货币上。

4.1.2　中国外汇储备币种结构现状

世界上多数国家长期以来对外汇储备币种构成数据都保密。根据国际货币基金组织的数据，截至2006年，只有23个国家每季度披露外汇储备币种构成。我国外汇储备余额数据可以从国家外汇管理局和中国人民银行获得，但外汇管理局和中国人民银行也并没有披露外汇储备的具体构成。我们只能通过国际机构及其他国家公布的相关数据来了解我国外汇储备的大致构成。根据IMF的COFER统计，1999年中国的外汇储备结构中，美元约占62%，欧洲货币占 19%（即德国马克占 11%、英镑占 4%、法国法郎与瑞士法郎合占 4%），日元占 8%，可见美元在我国外汇储备构成中占据的比重较大。直至 2006 年，中国外汇储备中 60%～80%还都是美元。

由此可见，我国的外汇储备货币结构的问题在于币种过于单一，也就是美元占了其中绝大部分，而其他储备币种比重过低。这可能与外汇储备货币结构管理的原则不一致，并且会阻碍外汇储备职能的发挥。

首先，外汇储备是弥补国际收支逆差的准备金，在一国管理外汇储备的货币结构时，就应尽可能地根据本国对外支付对外汇储备货币的需求，以及本国对外经济贸易的地区结构做出与之相匹配的选择，力求使外汇储备的币种结构能够与国际支付中所使用的货币结构相匹配。在欧元问世之前，美元在我国的外汇储备中占有绝对优势是合理的，因为满足我国对外支付的需要是外汇储备的首要功能，美元是国际结算中的主要货币，加上我国对外结算使用最多的也是美元，所以必须保持其较高的比重。如今，我国对日贸易额与对美贸易额不相上下。另外根据中国海关统计数据，2005 年欧盟已经成为我国第一大贸易伙伴国。这样看来，过于单一的外汇储备结构是不适应我国当前日益扩大与加深的国际贸易的广度与深度的。尤其是中国入世后，对外支付中各种货币的供给和需求将进一步受到贸易对象国多元化的影响，为适应不断变化的新形势，中国的外汇储备货币结构也应做出相应的调整。

其次，外汇储备还肩负着干预外汇市场，维持本币汇率稳定的职能。1994 年，我国实现了人民币汇率并轨。并轨后的人民币汇率实行以市场供求为基础，单一的、有管理的浮动汇率制度。在汇率形成机制中，我国选取美元作为关键货币，人民币对美元是我国的基本汇率，代表我国的人民币汇率水平。在 1994 年之后，我国实际上实行的是变相钉住美元的有管理的汇率管理制度。货币当局干预外汇市场时，主要是通过美元与人民币的交易对人民币汇率进行干预。这样的汇率制度就要求在储备货币结构中美元占有较高的份额，这也是造成我国长久以来储备货币中美元占绝对优势的主要原因。但是，中国于 2005 年 7 月 21 日再一次进行了汇率体制改革，宣布放弃只钉住美元的固定汇率制度，改为参考一篮子货币来确定人民币汇率的浮动制度。一篮子货币的选取及其权重的确定以对外贸易权重为主。现行的汇率形成机制告诉我们，人民币已经开始脱离美元体系而参考多种货币，因此储备货币结构过于单一是不适宜的。

最后，美国是全球金融危机的爆发地，为了刺激经济复苏，美国实施过度宽松的货币政策和央行直接购买财政部发行国债的行为，必将导致全球美元流动性进一步泛滥，使美元购买力进一步下降，美元贬值趋势还将长期延续下去。而我国外汇储备币种以美元为主，就存在着巨大的汇率风险。此外，外汇储备中持有过高比重的美元资产，相当于无形中给美国提供了低息的贷款。美国财政赤字和经常项目赤字有着长期化和结构化的趋势，以外汇储备的形式借给美国的巨额资金，有被美国赖账的风险，同时也存在美国通过发钞缩水债务的风险，并且这种风险有增无减。因此，确立外汇储备合理的货币结构，是中国货币当局在外汇储备激增的背景下亟待解决的问题。

4.2 中国外汇储备币种构成的选择

外汇储备的币种组合管理主要包括币种选择和币种权重的确定。本节首先介绍外汇储备币种选择的原则，然后依据此原则对我国外汇储备币种的选择进行分析。

4.2.1 外汇储备币种选择的原则

一般来说，各国在确定外汇储备的币种时应遵循以下原则。

第一，经济实力原则。各国对储备货币的信心，取决于储备货币发行国的经济实力。经济实力越强，各国对该国货币的信心就越强，该国货币在国际交易中的可接受程度和认可度就越高，因此就可作为储备货币使用。

第二，币值稳定原则。币值稳定几乎是所有国家货币当局追求的目标。币值稳定是一国货币作为充当支付手段、交易媒介、发挥价值储存功能的基础。一国货币的币值越稳定，贬值风险的损失就越小，各国就越愿意持有该货币。这样，这种货币就具备作为外汇储备货币的特征。

第三，交易匹配原则。外汇储备是一国弥补国际收支逆差的准备金。在确定本国外汇储备的货币结构时，应尽可能地根据本国金融支付对储备货币的需求以及对外经济贸易的地区结构，做出与之匹配的选择。因此，一国在选择本国储备货币时，应该分析外贸商品的数量、流向以及支付习惯，掌握本国的外债规模和外债还本付息对货币种类的要求，力求使国际支付所使用的货币结构与本国持有的外汇储备的货币结构相匹配。

4.2.2 中国外汇储备币种构成选择

当前世界上最大的三个经济体分别是欧盟、美国和日本。英国虽然是欧盟的一部分，但是英国并没有加入欧元区，而英国的经济实力在世界上名列前茅，所以从经济实力上考虑，我国应该以美元、欧元、日元和英镑为主。

一个国家的币值是否稳定，最根本的影响因素还是该国家的经济稳定程度与经济实力。欧盟、美国和日本这三大经济体是最具实力、最发达的地区和国家，其稳定程度与经济实力强于世界的其他国家和地区，因此它们的货币币值也能保证相对稳定。在第 4.1 节的内容中，我们讨论了世界范围外汇储备结构的变化，以及当今世界外汇储备货币结构的格局。这些也能体现出在各种储备货币中的权衡及其选择时，各国遵循了前两个原则。我国作为最大的发展中国家，在运用前两个原则选择外汇储备币种时也应顺应这一潮流。因此，按照币值稳定与经济实力的原则，我国外汇储备的币种主要选择美元、欧元与日元。

再从交易匹配原则来看，主要考虑我国与世界各国的贸易收支与外债货币的币种分配。从表 4-3 的数据可以看出，中国的主要贸易地区是欧洲、北美和亚洲，这三个地区的进出口贸易总额占全部总贸易额的 74.4%。具体分析，在亚洲，中国内地的主要贸易伙伴是东盟、韩国、中国香港、日本和中国台湾。中国香港的主要结算货币是港币和美元，港币虽然是完全可自由兑换货币，但非国际公认的储备货币，而港元采取的是钉住美元、与美元联动的联系汇率制度，所以储备货币币种选择时可以把港币视同美元。日元是世界上主要的结算货币之一，对日本的进出口贸易中主要以日元来结算。中国台湾的台币和韩国的韩元都不能自由兑换，两国的汇率制度虽然是有管理的浮动汇率制，但在一定程度上仍是钉住美元，所以和港元一样视同于美元。我国与东盟国家进行贸易结算时，是以美元为主，以马来西亚林吉特、新加坡元和泰国铢为辅。在欧洲，我国的主要贸易伙伴是俄罗斯和欧盟。与欧盟贸易往来大部分用欧元结算，少部分用美元结算。俄罗斯在与我国贸易结算中大部分用欧元和美元。另外，英国虽然是欧盟成员国，但至今仍未采用欧洲统一货币——欧元，与其他国家贸易往来大部分仍用英镑。至于美国，我国与美国贸易往来结算货币绝大多数是美元。另外，在与其他国家的贸易往来中结算货币也多以美元为主。所以，从对外贸易支付角度来看，目前中国的储备币种为美元、欧元、日元和英镑。

表 4-3　2007 年中国进出口主要贸易国家/地区分布　　单位：亿美元

国家/地区	进出口总额	百分比(%)	出口总额	百分比(%)	进口总额	百分比(%)
总值	21 730.22	100	12 172.04	100	9 558.18	100
日本	2 360.22	10.86	1 020.71	8.39	1 339.51	14.01
中国香港	1 972.48	9.08	1 844.32	15.15	128.16	1.34
中国台北	1 244.80	5.73	234.58	1.93	1 010.22	10.57
韩国	1 598.98	7.36	561.41	4.61	1 037.57	10.86
东盟	2 025.08	9.32	941.39	7.73	1 083.69	11.34
其中：新加坡	471.53	2.17	296.34	2.43	175.19	1.83
马来西亚	463.98	2.14	176.90	1.45	287.07	3.00
泰国	346.38	1.59	119.74	0.98	226.65	2.37
欧盟(27 国)	3 561.50	16.39	2 451.90	20.14	1 109.60	11.61

续表

国家/地区	进出口总额	百分比(%)	出口总额	百分比(%)	进口总额	百分比(%)
其中：德国	941.12	4.33	487.18	4.00	453.93	4.75
荷兰	463.41	2.13	414.13	3.40	49.28	0.52
英国	394.35	1.81	316.58	2.60	77.77	0.81
法国	336.68	1.55	203.26	1.67	133.42	1.40
意大利	313.82	1.44	211.72	1.74	102.10	1.07
俄罗斯	481.62	2.22	284.89	2.34	196.77	2.06
美国	3 020.83	13.90	2 327.04	19.12	693.79	7.26

数据来源：根据国家商务部进出口数据统计整理而来。

在我国外债的币种构成方面，长期以来，我国外债涉及的币种主要集中于美元、日元和欧元。2008 年上半年中国国际收支报告显示，在 2008 年 6 月末的登记外债中，美元债务占 70%，比上年末上升 2.3 个百分点；其次是日元债务占 11%，比上年末下降 1.1 个百分点；欧元债务占 6.8%，比上年末下降 0.3 个百分点；其他币种包括特别提款权、港元等，合计占 13.1%，比上年末下降 0.9 个百分点。由于港元债务可并入美元，因此，考虑外债的情况，我国的外汇储备币种为：美元、欧元、日元。

一国外汇储备的币种分配种类也不宜过多，如果币种过多将大大增加管理难度和管理成本，因此，通过上述分析可以认为，我国目前外汇储备币种选择美元、欧元、日元、英镑较为适宜。

4.3 中国外汇储备币种比重的确定

外汇储备货币结构的研究所依据的三大模型是货币的资产组合理论、海勒—奈特模型和杜利模型，但这三个理论在进行外汇储备币种优化配置时都只从外汇储备的一个或几个方面来考察，具有一定的局限性。如果能将所有影响外汇储备币种优化配置的因素综合起来考虑，则可以更为完善和有效地管理外汇储备币种的分配。正是出于这一目标，本节将以马柯维兹的资产组合理论为基础，同时结合海勒—奈特模型和杜利模型，对影响储备货币币种的因素进行全面系统地分析，在考虑外汇储备风险和收益的同时，综合考虑我国的贸易结构、外债结构、外商直接投资来源结构和汇率制度对我国外汇储备进行最优币种结构配置，以确定中国当前合理的储备货币币种权重。

4.3.1 影响中国外汇储备币种结构的因素分析

各种储备货币所占份额如何分配，才能使我国外汇储备在保持充足的条件下又不至于由于风险而遭受损失，已经成为当前我国外汇储备管理的一个核心内容。在合理构建我国的外汇储备币种结构之前，首先有必要对影响我国外汇储备币种结构的因素进行分析。

1. 考虑风险和收益对储备货币币种权重的影响

在中央银行的实际管理中，必须兼顾各种储备货币的风险与收益。在充分考虑风险的基础上，还必须考虑各储备货币的收益率，使储备资产的经营效率最大化，更好地实现外汇储备的保值与增值。外汇储备币种结构选择理论中的资产组合模型，就是从风险与收益的角度来确定储备货币币种构成的。

根据上文分析，我们选择美元、欧元、日元和英镑等作为中国的储备货币。要计算这四种货币的权重，首先必须知道它们的预期收益率、方差和协方差。本书选择数据区间为 1999—2008 年，以伦敦银行同业拆借市场一年期的利率(LIBOR)作为其名义收益率，如表 4-4 所示。

表 4-4　1999—2008 年美元、日元、欧元、英镑一年期利率表　单位：%

年份	美元	日元	欧元	英镑
1999	5.719 093	0.262 696	3.182 747	5.791 551
2000	6.874 719	0.379 791	4.789 993	6.529 85
2001	3.835 94	0.156 756	4.085 202	5.074 477
2002	2.196 694	0.099 188	3.492 154	4.426 957
2003	1.356 746	0.092 199	2.332 736	3.880 088
2004	2.120 505	0.091 609	2.272 946	4.959 212
2005	4.031 654	0.097 357	2.333 609	4.771 418
2006	5.325 044	0.503 821	3.436 147	5.048
2007	4.223 75	0.845 749	4.279 936	5.987 82
2008	2.025 00	1.031 25	3.957 50	4.116 25

数据来源：CEIC 数据库以及 http：//www.fx168.com/fxrela/zixun_ll.aspx 网站。

根据上表的数据，通过统计软件 Eviews 来分析，得到这四种货币的收益率、方差和协方差，见表 4-5。

表 4-5　1999—2008 年美元、日元、欧元、英镑预期收益率、方差及协方差

货币	预期收益率[E(R)]%	方差(σ_{ii})	协方差(σ_{ij})	
美元	$E(R_1)=3.770\ 915$	$\sigma_1^2=3.355\ 56$	$\sigma_{12}=0.056\ 175$	$\sigma_{23}=0.156\ 123$
日元	$E(R_2)=0.356\ 042$	$\sigma_2^2=0.115\ 442$	$\sigma_{13}=0.743\ 041$	$\sigma_{24}=0.035\ 431$
欧元	$E(R_3)=3.416\ 297$	$\sigma_3^2=0.787\ 501$	$\sigma_{14}=1.197\ 362$	$\sigma_{34}=0.380\ 643$
英镑	$E(R_4)=5.058\ 562$	$\sigma_4^2=0.703\ 761$		

根据资产组合模型的二次规划法，得到以下数学模型，求最优投资比例 X_i，$i=1,2,3,4$（分别代表美元、日元、欧元、英镑），使储备资产组合风险 σ_p^2 最小。

$$\sigma_p^2 = X_1^2\sigma_1^2 + X_2^2\sigma_2^2 + X_3^2\sigma_3^2 + X_4^2\sigma_4^2 + 2X_1X_2\sigma_{12} + 2X_1X_3\sigma_{13} + 2X_1X_4\sigma_{14} + 2X_2X_3\sigma_{23} + 2X_2X_4\sigma_{24} + 2X_3X_4\sigma_{34} \quad (4\text{-}1)$$

在如今各国实行浮动汇率制度的情况下约束条件为

$$R_p \geqslant X_1\left[\frac{E_{10}}{E_{1t}}(1+R_1)-1\right]+X_2\left[\frac{E_{20}}{E_{2t}}(1+R_2)-1\right]+X_3\left[\frac{E_{30}}{E_{3t}}(1+R_3)-1\right] + X_4\left[\frac{E_{40}}{E_{4t}}(1+R_4)-1\right]$$

$$X_1+X_2+X_3+X_4=1$$

$$X_1 \geqslant 0,\ X_2 \geqslant 0,\ X_3 \geqslant 0,\ X_4 \geqslant 0$$

把表 4-5 中的方差和协方差数据代入目标函数式。以 2008 年 12 月 31 日的市场行情为分析基础，由于目前世界通用的货币仍是美元，因此美元理所当然地成为折算货币，当日美元兑日元、欧元以及英镑的汇率如表 4-6 所示。

表 4-6　美元兑其他主要货币汇率中间价表

货币	日元	欧元	英镑
1 美元	90.345	0.707 6	0.691 8

数据来源：根据中国银行 2008 年 12 月 31 日外汇牌价套算获得。

由于现在采用的是浮动汇率制度，下面假设未来一年美元升值或贬值 3% 时的汇率变化情况，表 4-7 为美元升值 3%后兑换其他主要货币汇率中间价。

表 4-7　美元升值 3%后兑换其他主要货币汇率中间价

货币	日元	欧元	英镑
1 美元	93.055	0.728 8	0.712 6

表 4-8 为美元贬值 3%后兑换其他主要货币汇率中间价。

表 4-8　美元贬值 3%后兑换其他主要货币汇率中间价

货币	日元	欧元	英镑
1 美元	87.634 7	0.686 4	0.671 0

用 Lingo9.0 软件运行出的结果如表 4-9、表 4-10 所示。

表 4-9　考虑风险最小情况下我国外汇储备优化币种组合

预期收益(R_p)		5%	4.75%	4.5%	4.25%	4%	3.75%	3.5%	3.25%
最小风险(σ_p)		4.02%	4.02%	4.02%	4.02%	4.02%	4.47%	5.06%	5.54%
美元升值 3%	美元	0	0	0	0	0	0	0	0
	日元	0	0	0	0	0	2.67%	6.89%	11.1%
	欧元	93.9%	93.9%	93.9%	93.9%	93.9%	93.7%	87.7%	81.8%
	英镑	6.07%	6.07%	6.07%	6.07%	6.07%	3.58%	5.33%	7.07%
比例合计		100%	100%	100%	100%	100%	100%	100%	100%

表 4-10　考虑风险最小情况下我国外汇储备优化币种组合

预期收益(R_p)		6%	5.5%	5.25%	5%	4.75%	4.5%	4.25%	4%
最小风险(σ_p)		4.02%	4.02%	4.02%	4.02%	4.05%	6.4%	7.74%	8.4%
美元贬值 3%	美元	0	0	0	0	0	0	0	0
	日元	0	0	0	0	0	14.9%	42.9%	74.4%
	欧元	93.9%	93.9%	93.9%	93.9%	89.5%	50.8%	23.9%	0
	英镑	6.07%	6.07%	6.07%	6.07%	10.4%	34.2%	33.1%	25.5%
比例合计		100%	100%	100%	100%	100%	100%	100%	100%

表 4-9 和表 4-10 是外汇储备资产在不同的预期收益率水平上，风险最小的币种结构，这些都是有效的外汇储备资产组合。各国可依自身在外汇储备管理上愿意承担的风险，来确定具体选择哪种组合。需要说明的是，表中的有效储备资产组合是从投资收益和风险的角度出发来考虑问题的，所以储备货币的比重可以为零。

分析以上两个表可以发现：理论上讲风险与收益应该成正比，风险越高，收益也应该越大。但在以上两表中风险与收益却呈现反比趋势。当收益逐级增加时，风险反而减小。如表 4-9 中当预期收益由到 3.25%提高到 4%，风险反而由 5.54%降低到 4.02%。另外，从理论上讲资产越分散，风险就应越小。但上表中的货币组合并不支持这种说法。如表 4-9 中日元、欧元、英镑的资产组合风险大于欧元和英镑的组合。出现这种现象的原因在于，组合资产的收益与风险取决于构成该资产组合的单个资产的收益与风险状况，不同的资产其风险与收益之间的关系存在较大差异。从表 4-5 中看出，欧元和英镑无论从收益或是风险来看都是最佳选择，英镑的收益是最高的，但风险却是最低的。欧元的收益次于英镑和美元，但它的风险远低于美元，在相关系数中欧元与英镑的相关性也比较明显，综合以上因素，单从风险和收益角度来看，选择欧元和英镑的组合最佳。

表 4-9 和表 4-10 表示汇率发生变化后，币种组合风险最小情况下的最优组合方案。该方案完全根据风险收益标准，在持有比例非负，但可以为零的约束条件下按最优原则构成。在上述两表中我们看到美元和日元并没有被选进投资组合。这是由于美元的风险最高，日元的收益最低，它们的波动性较高相当不稳定所造成的。但是就我国目前的实际情况来看，美元是目前我国外汇储备中比重最大的资产，而且美元占世界外汇储备份额的 60%以上，日元在全球外汇储备中的份额虽然持续下降，但平均维持在 3%左右。因此，为了确保储备资产结构的多元性，应当对上述组合中适当进行调整，适当增加美元和日元的比重。但由于目前美元长期有贬值趋势，且美元利率的不断下调，其收益会下降，所以美元的比重不应过大。根据目前经济发展趋势，我们得出考虑风险收益对币种权重的投资组合如表 4-11 所示。

表 4-11　考虑风险和收益的我国外汇储备币种权重

货币	权重(%)
美元	15～20
日元	2～4
欧元	80～85
英镑及其他货币	6～10

2. 考虑贸易结构对储备货币币种权重的影响

由于外汇储备弥补贸易收支差额的职能更直接地与一国的进口地区构成有关。根据表 4-3(2007 年中国进出口主要贸易国家/地区分布)中的数字，可以近似地推算出在只考虑贸易结构这一因素的条件下我国外汇储备的币种结构。从表中数据可以看出，中国的主要进口贸易地区是亚洲、欧洲和北美洲。在亚洲，中国大陆的进口贸易对手主要是日本、韩国、东盟和中国台湾地区。在北美地区，主要贸易国家为美国，虽然近几年我国从美国进口商品的金额逐年下降，但美国还是我国主要的进口国之一。欧盟地区是我国进口商品的又一重要地区，其中，德国、荷兰、英国、法国和意大利等国家与中国的贸易往来金额相对较大。此外，从俄罗斯的进口也达到 2%以上。

从表 4-3 中可以看出，日本是最主要的进口国，2007 年进口份额占全年进口额的 14.01%，这部分进口额主要以日元结算；从美国的进口份额为 7.26%；而从中国台湾地区、韩国和中国香港地区的进口比例也很高，分别为 10.57%、10.86%和 1.34%。考虑到新台币和韩元都是非自由兑换货币，并且实行的是钉住美元的汇率制度，所以储备货币可以统计为美元。港币虽然是自由兑换货币，但非国际公认的储备货币，且港元是钉住美元与美元联动的，所以储备货币币种选择时可以把港币视同美元。因此，将上述四个国家或地区(美国、中国台湾地区、韩国和中国香港地区)的进口份额加总，得出以美元进行进口结算的比重可达 30.03%。从德国、法国、荷兰、意大利的进口份额总计为 7.74%，这部分主要以欧元来结算。其余从东盟进口额高达 11.34%，与东盟国家进行贸易结算主要以美元、马来西亚林吉特、新加坡元、泰国铢为主。英国没有加入欧元区，仍然保持其他货币的独立性，进口额占我国进口总额的 0.81%。从俄罗斯的进口额为 2.06%。因此将除美元、日元、欧元以外的结算币种统称为其他币种，这部分占 14.21%。

这样将上述美元、日元、欧元以及其他货币占进口份额的比例百分化，则有各主要储备货币所占份额比例分别为：美元 45.51%、日元 21.22%、欧元 11.73%以及英镑等其他货币 21.54%。考虑到欧盟其他国家正在积极准备加入欧元区，其经济贸易发展与欧元区的发展紧密相关，欧元势必将在欧洲地区乃至世界范围内发挥越来越重要的作用；同时欧盟又是我国最大贸易伙伴国。因此，我国的外汇储备中可以适当增加欧元储备比重。这样，考虑贸易结构的中国外汇储备币种分配方案估算区间可以用表 4-12 表示。

表 4-12　考虑贸易结构的我国外汇储备币种权重

货币	权重(%)
美元	42～50
日元	20～23
欧元	12～17
英镑及其他货币	19～23

注：其他货币主要包括马来西亚林吉特、泰铢、新加坡元、俄罗斯卢布、加元等。

3. 考虑外债结构对储备货币币种权重的影响

对于背负外债的国家而言，保证按时支付外债本息也是外汇储备的重要职能。当外汇储备的货币结构与外债的货币结构与之间不匹配程度很大时，在偿付外债本息时就要进行大量频繁的货币转换，这种转换会带来巨大的交易成本。此外，如果用来偿付外债所需的币种正在升值，那么偿付该外债将带来巨大的损失。20 世纪 80 年代以来，发展中国家爆发债务危机，其严重后果使得人们更加关注外债问题。所以，发展中国家在进行外汇储备货币结构选择时，必须考虑外债的货币结构。

我国自改革开放以来，随着外汇储备的增长，外债规模也在不断积累，巨大的外债余额给我国的还本付息带来了极大的压力。因此，考虑到要及时对外债还本付息及尽量降低因币种转换带来的交易成本，在外汇储备币种组合中考虑外债因素是必要的。我国长期以来外债涉及的币种主要集中于美元、日元和欧元(表 4-13)。其中美元、日元所占比例较大，两者共占外债总额的 80%左右。从最近几年的我国外债币种构成来看，美元占 70%左右，日元占 10%左右，欧元占 8%左右，其他币种包括特别提款权、港元等，合计占比 12%左右。由于港元债务可并入美元，所以可以适当扩大美元储备的比重。因此，考虑外债的情况，我国的外汇储备币种权重估算区间如表 4-14 所示。

表 4-13 我国外债币种构成

单位:%

项目 / 年份	美元	日元	欧元	其他
2004	70.76	11.52	9.04	8.68
2005	70.95	12.86	8.28	7.91
2006	69.71	10.86	7.30	12
2007	68	11	7	14
2008	70.1	10.0	6.8	13.1

数据来源：2004—2005 年数据来自于世界银行全球发展金融数据库(The World Bank GDF online)；2006—2008 年数据来自于国家外汇管理局历年国际收支报告。

注：2008 年数据为 2008 年上半年的统计数据。

表 4-14 考虑外债结构的我国外汇储备币种权重

货币	权重(%)
美元	68～75
日元	10～13
欧元	7～10
英镑及其他	7～12

4. 考虑外商直接投资来源结构对储备货币币种权重的影响

外商直接投资与外汇储备联系紧密。20 世纪 90 年代以来，外商直接投资对我国外汇储备增量的贡献度日益加大。外商直接投资是我国外汇储备的最重要来源，随着外商直接投资的规模逐年增加，其投资利润汇回所需外汇储备也逐渐增加。因此，我国持有储备货币的币别要与外商直接投资利润回流所需币别大体一致。

表 4-15 是 2001—2008 年我国实际利用外商直接投资国别(地区)统计简表。从表中可以看出，2001 年以来，中国香港地区一直是内地吸收外资

国别/地区的首位，其在华投资占比由 2001 年的 35.6%逐渐升到 2008 年的 44.41%。但由于港元实行的是联系汇率制，与美元联动，因此其利润返还可以以美元计算。开曼群岛和维京群岛在这几年中的投资比重在不断增加，它们是闻名于世的离岸金融中心，对我国的直接投资是各个国家通过它间接地进行投资的，因此这部分投资可按照各国的投资比重来分摊。日本、美国、韩国和中国台湾地区在华投资的比重是逐渐下降的，但都大至保持在 4%～9%。由于台币和韩元不是自由兑换货币，因此可将这两个国家和地区的投资利润返还以美元计算。英国占在华投资的比重比较稳定，在 1%～2%。根据以上的说明，从对华直接投资国家/地区角度考虑，需要储备的币种结构可以初步做出如下估算，见表 4-16。

表 4-15　2001—2008 年对华投资主要国家/地区占全年吸收外资总额之比

单位：%

年份	2001	2002	2003	2004	2005	2006	2007	2008
中国香港	35.66	33.86	33.08	31.33	33.71	32.11	39.46	44.41
维京群岛	10.76	11.6	10.8	11.1	14.96	17.85	16.95	17.27
美国	9.46	10.28	7.85	6.5	5.07	4.55	4.37	3.19
日本	9.28	7.94	9.45	8.99	10.82	7.30	5.47	3.95
英国	2.24	1.7	1.89	0.131	1.6	1.15	1.08	0.59
德国	2.59	1.76	1.6	1.76	3.14	3.14	2.49	0.67
法国	1.13	1.09	1.13	1.08	0.61	0.61	0.56	0.49
韩国	4.59	5.16	8.39	10.3	8.57	6.18	4.79	3.39
中国台湾	6.36	7.53	6.31	5.14	3.57	3.39	3.26	2.05
开曼	1.5	1.3	1.7	1.9	2.0	3.6	3.2	3.4

数据来源：根据中华人民共和国商务部(http：//www.mofcom.gov.cn)利用外资数据统计。

表 4-16　考虑外商直接投资来源结构的我国外汇储备币种权重

货币	权重(%)
美元	70～75
日元	9～14
欧元	9～14
英镑及其他	7～10

5. 考虑汇率制度对储备货币币种权重的影响

2005 年 7 月 21 日我国进行了汇率体制改革，开始实行以市场供求为基础、参考一篮子货币进行调节、有管理的浮动汇率制度。人民币汇率不再钉住单一美元，人民币汇率形成机制更富有弹性。与单一钉住美元的汇率制度相比，参考一篮子货币有利于较好地应对美元不稳定所带来的影响，降低人民币多边汇率的波动。中国政府不对外公布这个货币篮子的全部组成货币和权重，但是篮子货币的确定是以对外贸易权重为主的，目前，欧元区国家、日本、韩国和美国等是中国最主要的贸易伙伴，相应地，欧元、日元、韩元、美元等也自然会成为主要的篮子货币。此外，由于马来西亚、俄罗斯、澳大利亚、新加坡、英国、泰国、加拿大等国与中国的贸易比重也较大，它们的货币对人民币汇率也很重要。由此可见，这种汇率制度的安排将会降低美元在外汇储备中的份额，而使其他货币的比重相应增加，使得我国外汇储备币种更多元化，更适合我国经济发展的需要。

以下是世界各国国际投资银行预测我国的“一篮子”货币权重。

花旗：美元、欧元和日元的比率都在17%～18%，另外会加入9.3%的韩元。选择一个大篮子货币的概率较低，实际的货币篮子会小一些。

瑞士联合银行：美元占70%，欧元占10%，日元占20%。

IDEAglobal：货币篮子中的比重分别为美元23%、欧元16%、日元22%、韩元11%。

纽约银行：货币篮子中的比重分别为美元20%、欧元20%、日元20%、韩元10%。

德利佳华：非美元货币兑人民币交易价浮动的区间是美元货币的5倍，代表美元在一篮子货币中的比重是其他货币的5倍。因此，美元的比重占70%，欧元和日元各占15%。

参考以上结果可以看出，有三家银行认为影响我国汇率最为深刻的是美元，接下来是日元、欧元和韩元；而剩下的两家银行则基本上认为美元、日元和欧元对我国汇率的影响力差不多相等，但是都大于韩元。由于韩元是不可自由兑换的，而且实行钉住美元的汇率制度，因此可以将韩元视同美元。这样，得到考虑汇率制度影响下的外汇储备币种权重估算区间如表4-17所示。

表4-17　考虑汇率制度的我国外汇储备币种权重

货币	权重(%)
美元	55～60
日元	15～20
欧元	15～20
英镑及其他货币	5～10

4.3.2　中国外汇储备币种结构的构建

合理的外汇储备的币种构成应当是对风险和收益、一国的贸易结构、外债结构、外商投资来源结构以及汇率制度按排等多方面因素的综合考虑。前文已经对这些影响外汇储备币种结构的因素进行了分析，见表 4-18。以下将考虑这些因素在外汇储备中的权重，从而确定外汇储备中各币种的具体比重。

表 4-18　各因素对外汇储备币种分配的影响　　单位：%

因素 / 币种	风险和收益	贸易结构	外债结构	外商直接投资来源	汇率制度
美元	15～20	42～50	68～75	70～75	55～60
日元	2～4	20～23	10～13	9～14	15～20
欧元	80～85	12～17	7～10	9～14	15～20
英镑及其他货币	6～10	19～23	7～12	7～10	5～10

本书第 3 章已经测算出我国外汇储备的适度规模，其中包括对用于进口、偿还外债本息、外商直接投资利润返还以及维持汇率稳定的储备规模的测算，因此，可以参考测算出的数据来确定这些因素的权重。我们将适度储备规模的上限作为分母，而将上限中的用于进口的储备需求、用于偿还外债的储备需求、用于外商投资利润返还的储备需求以及维持汇率稳定的储备需求分别作为分子，来计算考虑贸易结构、外债结构、外商直接投资来源结构和汇率制度等各因素的权重。由于保证性储备需求是用来维护国际信誉、增强综合国力和抵抗外部脆弱性的，在当前使用的可能性不大，其投资也可以侧重于收益性。因此将盈利性外汇储备需求和保证性外汇储备需求之和与适度储备规模的上限之比，作为考虑风险和收益因素的权重①。根据第 3 章计算出来的数据，对近几年各因素所占的权重进行计算，可以得出考虑贸易结构的权重为 0.54 左右，考虑外债结构的权重为 0.07 左右，考虑外商直接投资的权重为 0.17 左右，考虑汇率制度因素的权重为 0.13 左右，考虑风险和收益性的权重为 0.08 左右。

设考虑各因素的权重为 C，则 $C=(C_1, C_2, C_3, C_4, C_5)=(0.08, 0.54,$

---

① 例如，2008 年我国外汇储备的适度规模的上限为 9 332 亿美元，其中用于进口的储备需求为 5 099 亿美元，用于偿还外债的储备需求为 562 亿美元，用于外商投资利润返还的储备需求为 1 598 亿美元，维持汇率稳定的储备需求为 1 377 亿美元，用于盈利性和保证性的储备需求之和为 697 亿美元。由此，可以得出考虑贸易结构的权重为 0.55，考虑外债结构的权重为 0.06，考虑外商直接投资的权重为 0.17，考虑汇率制度因素的权重为 0.15，考虑风险和收益性的权重为 0.07。

0.07，0.17，0.13)。其中，C_1 为考虑风险和收益性的权重；C_2 考虑贸易结构的权重；C_3 为考虑外债结构的权重；C_4 为考虑外商直接投资的权重；C_5 为汇率制度因素的权重。

设各储备货币在各项因素中的比重为列向量，用 R_{ij} 表示($i=1$，2，3，4，5 表示因素，1 为风险和收益因素，2 为贸易结构因素，3 为外债结构因素，4 为外商直接投资来源结构因素，5 为汇率制度因素；$j=1$，2，3，4，表示储备货币，1 为美元，2 为日元，3 为欧元，4 为英镑及其他货币)。

则有：$A=C\times R_{ij}$(A 表示外汇储备币种结构) (4-2)

将数据代入上式有

$$A=C\times R_{ij}=(0.08, 0.54, 0.07, 0.17, 0.13)\times \begin{Bmatrix} [15, 20] & [2, 4] & [80, 85] & [6, 10] \\ [42, 50] & [20, 23] & [12, 17] & [19, 23] \\ [68, 75] & [10, 13] & [7, 10] & [7, 12] \\ [70, 75] & [9, 14] & [9, 14] & [7, 10] \\ [55, 60] & [15, 20] & [15, 20] & [5, 10] \end{Bmatrix}$$

$$=([48, 54]\quad [15, 19]\quad [17, 22]\quad [13, 17]) \tag{4-3}$$

由上述计算结果可以看出，在构建的我国外汇储备币种结构中，美元仍然处于主导地位，储备比重大致在50%左右波动。日元储备的比重位居其次，在17%左右。17%左右的日元比重符合我国利用外汇储备的战略要求，中日两国的地理位置决定了持有较多日元储备的必要性。欧元的比重在20%左右，欧元的出现为我国优化外汇储备币种结构提供了更大的选择空间。我国适当地增加一部分欧元储备，可以减少过分依赖美元储备而可能产生的汇率风险，同时可以增强我国在外汇市场上的干预能力，以及在国际货币体系中的适应能力。英镑及其他货币应占15%左右，其他货币包括马来西亚林吉特、泰铢、新加坡元、俄罗斯卢布、加元等。这样的储备币种结构有利于保持我国外汇储备的稳定，降低由于单一储备货币波动而给外汇储备带来的风险程度。

4.3.3　中国外汇储备币种结构调整建议

根据以上的分析结果，本书对我国未来的币种结构调整提出以下建议。

1. 适当降低美元在我国外汇储备的比重

目前，美元仍然是世界上最主要的国际贸易结算货币和最重要的国际储备货币。在前文计算出的我国外汇储备币种结构中，美元也仍然处于主导地位，储备比重大致在50%左右。这表明在短期内美元的主导地位是任何一种货币都不可能取代的。

但是受美国次贷危机的影响，美国经济渐趋疲软。为了刺激经济的增长，美联储不断下调利率，美元对非美元货币不断贬值，美元指数从2007年2月份的 85 左右一直下降到 2008 年 7 月底的 72 左右。从中长期来看，支持美元走强的基本因素较弱，一是美国经济并没有完全见底，经济基本面形势仍然不容乐观，GDP 连续两个季度出现负增长，明白无误地显示经济陷入衰退；二是美国采取扩张性的财政政策和货币政策，将会导致国内货币扩张、通货膨胀，从而导致美元走软。扩张性的财政救市计划将加大美国的财政赤字，财政赤字进一步带动贸易赤字出现，贸易收支的恶化将促使美元走软。同时美国已步入零利率时代，美联储表示在经济增长之前，将把利率维持在一个较低的水平。除了利率工具以外，美国还采取多种创新工具包括所谓的"定量宽松政策"等向市场注资，扩张货币供应量。因此，从经济基本面和美国的宏观经济政策考虑，长期来看美元趋于贬值。

根据 IMF 官方公布的 COFER 数据，中国外汇储备中 60%～80%都是美元。如果美元走软，我国外汇储备将面临缩水的风险。截至 2008 年年底，中国持有美国国债 7 274 亿美元，成为持有美国国债最多的国家。虽然美国国债比较安全，但是持有美国国债收益率低，存在流动性风险。另外，持有美国国债资产还面临美元资产价值下降的风险。如果美元贬值，用同样数量的美元兑换其他国家货币的数量就会下降，存在兑换其他货币的损失；同时，如果美元贬值，大宗商品价格上涨，美元的实际购买力将下降，美元资产将缩水。因此，必须审时度势逐渐地减少美元在储备中的比重。

2. 适当增加欧元在外汇储备中所占比重

欧元自 1999 年启动以来，已经发展成为世界第二大国际货币。欧元的迅速崛起，对美元作为国际货币的地位构成了挑战。欧元区作为全球唯一一个能够与美国相抗衡的经济体，使得欧元具备了赶超美元作为世界第一货币的潜力。欧元作为世界第二大可靠的储备货币，位于美元之后。2006 年年末，美元占全球官方外汇储备的比例降至约 64%，而欧元占全球官方外汇储备的比例从 1999 年的 17.9%升至 2006 年的 25%。尤其是发展中国家持有欧元的比重在不断增加。同时欧元已取代美元成为国际债券市场上的主导货币，自 2005 年以来欧元债券的市场份额连续两年超过美元债券。2006 年年末偿付欧元债券占全球市场的 45%，而美元债券只占 37%①。因此，增加欧元等币种在我国外汇储备中的比例是我国外汇储备资产多元化的必然选择。

欧元的诞生对我国的经济发展产生了重要影响。我国作为一个经济高速发展的亚洲大国，近年来与欧洲贸易和金融业的合作日益密切。2008 年，欧盟成为我国第一大贸易伙伴国、第一大出口市场国和第二大进口市场国，欧盟与

① 黄丽珠．积极探索构建中国新型外汇储备经营管理体系[N]，金融时报，2007-02-26.

我国的经贸关系一直保持积极发展的态势。从长远来看，由于中欧经济互补性强，扩大经贸关系和合作的潜力十分巨大，因此，欧元将成为中欧贸易中良好的结算货币。为了进一步稳定和促进中欧贸易关系的发展，提高欧元在我国外汇储备币种中的比重也是必然。我们估算出的欧元占我国外汇储备的比重在20％左右为宜。综合来看，虽然欧元在我国外汇储备中的地位还不能取代美元，但是其地位应是不断提升的。

3. 采取渐进的方式调整外汇储备的货币结构

中国目前外汇储备持有额居世界第一位，意味着中国外汇储备货币结构的调整将会影响市场价格。为了全球经济稳定，也为了中国外汇储备价值的稳定，中国外汇储备货币结构调整应当采用渐进方式。

首先，渐进的外汇储备货币结构调整有利于缓和全球经济失衡的风险。当前一个关键问题是，在全球经济失衡格局下，大量流入的美国资本是否能为美国经常项目失衡充分融资，并以此支撑美元对其他主要货币的信心。从美国国际收支情况看，美国的资本金融项目总体呈顺差不断增长态势，其中证券融资起到了主导作用。此外，美国国债登记系统表明，当前外国官方机构持有的美国金融证券不断上扬。一旦中国大规模减持美元债券，美国的国际收支失衡将更加严重。

其次，外汇储备货币结构渐进调整还有利于中国外汇储备价值的稳定。如果中国迅速将美元国债储备转换成欧元储备，以获取较高的投资收益，则大量抛售很有可能会使得美元国债收益率迅速上升，这将导致中国继续持有的美元储备的贴现值下降，使储备资产缩水。欧元储备增加导致的外汇储备账面价值增长能否抵消继续持有的美元储备账面价值减少就会成为疑问。

最后，在短期内外汇储备币种结构调整缺乏替代性的投资币种。美国次贷危机已经蔓延至全球，全球主要几大币种——英镑、日元、欧元均受重创，因此，在一段时间内，转换币种只是空谈。这也意味着对美元币种的减持必然是渐进的，更多的是通过增量减持的方式进行。

第 5 章
外汇储备管理效益提升途径之二——外汇储备资产结构研究

外汇储备资产运用高效化是实现外汇储备管理效益提升的又一重要途径。外汇储备的资产结构管理就是通过货币资产、证券资产、金融衍生品资产以及实物资产的优化配置，实现外汇储备的系统优化，保持流动性、安全性和收益性的动态有效平衡。

5.1　中国外汇储备资产结构现状

5.1.1　当前中国外汇储备资产结构特点

当前中国外汇储备资产主要以金融资产为主，而在金融资产中又以美国国债为主。国际货币基金组织发布的数据表明，各国持有的外汇储备中，美元资产的平均比重为 65%。虽然中国人民银行从未公布中国外汇储备的币种和资产结构，但普遍认为美元资产的比重应高于世界平均比重，至少占外汇储备总额的 70%。根据美国财政部公布的数据，截至 2008 年 6 月底，中国持有的美国证券资产总额已经达到 1.205 万亿美元，相当于中国外汇储备的 2/3、中国 2008 年 GDP 的 27%。而在这些美元证券资产中，中国更偏重于债券投资。长期以来，我国暂时闲置不用的外汇储备大都用于购买美国高信用等级的政府债券、政府机构债券和公司债券等金融资产。美国财政部公布的国际资本流动报告(TIC)显示，2008 年 9 月末中国持有的美国国债达到 5 850 亿美元，占当时中国外汇储备总额(19 055.85 亿美元)的 31%，取代日本成为美国国债最大持有国(图 5-1)。截至 2008 年年底，中国持有美国国债 7 274 亿美元，比上年年末增加了 312 亿美元。

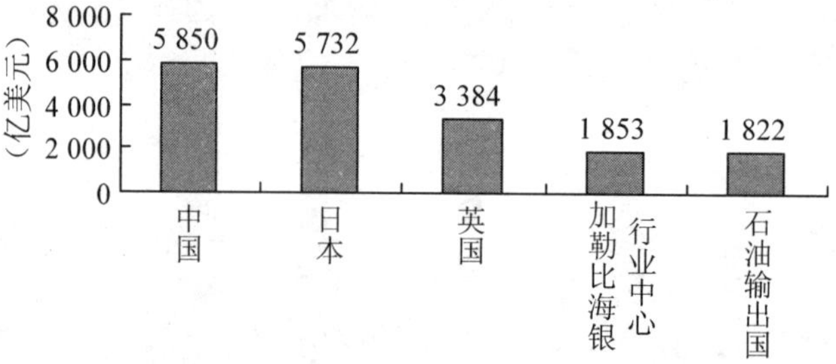

图 5-1　2008 年 9 月末美国国债前五大持有者及其持有额

资料来源：美国财政部网站。

在美国经济繁荣期间，美国的利率水平较高，各种金融资产的收益率也比较高，这样做有利于我国外汇储备资产的增值。但是，近年来美国不断地降低利率，单一的资产结构使我国的外汇储备面临较大的收益风险。

随着美国次贷危机的发展，目前全球正在经历自 20 世纪二三十年代大萧条以来最大的一次金融危机。由于全球化的影响，此次金融危机的波及面之广、对全球经济的影响程度之深，目前已经超出了绝大部分市场人士的预计。受美国次贷危机和国际金融急剧动荡影响，我国在海外的金融投资风险加大，收益减少，有的甚至出现亏损。如果中国继续持有美国国债，美元在度过经济拯救期后可能因流动性泛滥而造成贬值，最终导致以美元计价的资产缩水。那么在这种情况下，为什么还要增持美国国债呢？

5.1.2　中国增持美国国债的原因分析

1. 有助于重塑美国市场信心

在经济与金融的全球化的大背景下，世界经济高度相关，牵一发而动全身。美国受次贷危机的影响，经济陷入衰退。从中国利益角度考量，美国金融市场稳定，既有益于其经济健康发展，也符合中国的利益，有利于全球经济稳定健康发展。毋庸置疑，在过去的 30 年里，中国是经济全球化的受益者之一。作为一个负责任的国家，中国不会选择孤立主义。10 年之前，当亚洲金融危机爆发之时，中国作为一个负责任的大国，坚决选择了人民币不贬值。10 年之后，当美国金融危机愈演愈烈之际，中国也会积极地参与到这场危机的应对中去。参与的第一要务，是要同全球力量一起，成为信心重建的塑造者。这场美国金融危机，是一场经济危机、道德危机，同时也是一场信心危机。帮助重塑美国金融市场的信心，有助于稳定美国经济，进而有益于稳定全球经济。

2. 有助于防止中国存量美国国债“缩水”

历史数据显示，外国投资者是美国国债的主要购买者。如图 5-2 所示，2002 年至 2008 年，外国投资者净购买额占美国国债净发行额的比重平均为

48%，这一比重在 2008 年达 52%。2008 年美国政府净发行国债 1.47 万亿美元，其中外国投资者购买了 7 720 亿美元，剩下的部分由美国国内投资者购买。次贷危机爆发至今，美国政府承诺用于救市的潜在资金规模已经高达 1.8 万亿美元，增发国债无疑将成为美国政府用于财政融资的最重要手段。如此一来，美国国债的发售，如果无法得到日本、中国等国家的支持，其金融危机将很难缓解。在当前的条件之下，中国继续认购美国国债，是重塑美国市场信心的重要努力。如果中国不继续购买美国国债，那么为了把新发的国债推销出去，美国政府的自然反应是大幅度提高新发国债的收益率，这将导致中国央行持有的存量国债价值更加猛烈地缩水。同样的道理，如果中国此时减持美国国债，就可能引发市场上抛售美国国债的羊群效应，因此中国为降低潜在风险的举措，反而会加剧中国尚未减持的存量美国国债的价值下跌，中国持有的巨额外汇储备反而会成为中国在美国人手中的“人质”。因此出于自身利益考虑，中国不敢轻言减持美国国债。

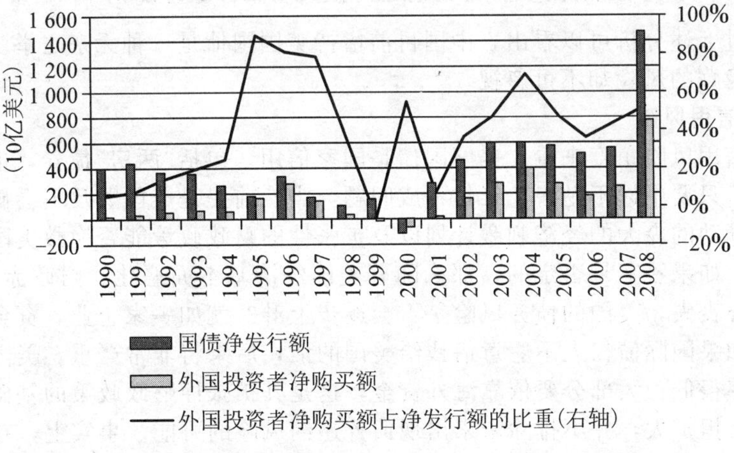

图 5-2　美国历年国债净发行额与外国投资者净购买额所占比重

资料来源：美国财政部网站。

3. 美国国债仍是当前国际金融市场上最具流动性、信用风险相对最低的资产

在美元仍然是国际货币体系中最主要的流通支付货币时，中国巨额的外汇储备就无法找到比美国国债更好的投资品。华尔街金融危机向全球蔓延之后，世界金融市场严重动荡，世界主要货币对美元汇率都严重缩水，美国国债成为全球资金的避风港。作为全球最大的经济体和资本市场最发达的国家，美国发行国债的规模在全球独占鳌头。由于中国的外汇储备规模非常庞大，欧元地区以及日本的债务规模又较小，所以中国可以选择的余地并不大。

美国次贷危机爆发后，全球主要金融机构同时启动去杠杆化进程，导致短期国际资本从新兴市场国家的资本市场大规模撤出，并重新流回美国。毕竟美元仍是当前国际货币体系中最具流动性的币种，美国国债仍是当前国际金融市场上最具流动性的资产。大量短期国际资本重新流入美元短期国债市场，导致了两个后果。其一是美国国债收益率曲线变得非常陡峭。由于大量短期国际资本投资向美国短期国债寻求避险，导致美国1个月、3个月等短期国债收益率水平迅速下降，甚至一度出现负利率的情形。其二是美元相对于其他主要货币显著升值，尤其是相对于欧元大幅度升值。2008年年初至2008年11月，美元对欧元升值超过25%。由于美国短期国债重新获得国际投资者青睐，美元对其他主要货币升值显著。在这一背景下，如果减持美元资产、增持其他币种资产，将导致外汇储备市场价值出现较大账面损失(因为外汇储备是以美元计价)，因此增持美元国债成为中国央行的暂时之举。

5.1.3 外汇储备资产以美国国债为主的风险分析

通过上述分析可以看出，中国目前增持美国国债是一种无奈之举。但这一行为中隐藏的风险却不可忽视。

1. 信用风险

从信用风险角度来看，美国国债是国家信用，包括"两房"债券，也为准国家信用；只要中途不抛售，偿付不成问题，当然前提是美国财政不会破产。但是美国推动的庞大的经济刺激计划以及扩张性的财政政策能否挽救美国经济脱离泥沼？如果答案是否定的，那么随着美国经济基本面恶化、财政赤字扩大、市场信心丧失，美国的债务风险是否会逐步上升？就如一家企业，资金链不能断裂，如果国际债权人不愿意借钱给美国的话，后果将非常严重。美国长期以来储蓄率很低，大部分要依靠海外资金，这是其扩张性财政政策的基础，如果其债务负担扩大，并不排除未来出现债务违约风险的可能。事实上，在这一轮金融危机中，如冰岛、巴基斯坦等国家就面临着政府债务危机，国际债权人对其失去信任。美国是否可能出现类似情况，重要的不是要投入多少钱，而是前期投入的这些资金能否起到预期的疗效，否则就会彻底打击投资者，如中国和日本这样的主要债权国的信心。

2. 汇率风险

从长期来看，汇率风险凸显。当前全球宏观经济的一大特征是美元面临中、长期贬值风险。美国为了刺激经济复苏，实施过度宽松的货币政策和央行直接购买财政部发行国债的行为，必将导致全球美元流动性进一步泛滥，使美元购买力进一步下降，美元长期贬值趋势还将延续下去。因此，尽管各国可以分担美国大规模的救市债，但依然要忍受美元长期贬值的压力。自2007年8月美国次贷危机全面爆发，至2008年12月，美元已对人民币贬值高达

9.6%，若以 1.9 万亿美元的外汇储备计算，仅此汇率风险一项就高达 1 800 亿美元。

3. 流动性风险

长期以来，我国的外汇储备结构存在着期限错配问题。从我国投资于美元证券的结构可以看出，长期证券投资所占比重较大，相比较而言，短期投资所占比重不大。根据美国财政部公布的各国持有美国证券的资产组合显示，中国的长期债券投资占证券投资总额的 90%以上，而短期债券投资仅占证券投资总额的 7%左右。而人民币升值引发了大量的国际资本流入，这些资本主要投资于流动性较强的金融工具上，如国内的债券、股票等。也就是说，中国的资产属于长期投资，而负债则属于短期投资。期限错配把中国置于巨大的流动性风险面前，一旦资本外逃，东南亚金融危机就可能重演。

4. 投资收益损失风险

为了度过危机，美国政府已承诺 1.8 万亿美元的救市计划，筹措如此巨额资金势必发行国债。为吸引新的国债投资者，美国政府必将提高新发国债收益率。一方面，这必将会使已发行的国债市场价值下跌；另一方面，由于美国央行将联邦基金利率已从 2007 年 8 月的 5.75%降至 0～0.25%的目标区内，国债收益率也随之下跌。作为美国国债最大持有者的中国将面临资产双重缩水的风险。

因此，中国近期增持美国国债应只是稳定市场的暂时之举。但是，中国参与应对危机，要避免“美国救市，中国埋单”的现象出现，必要的谈判和博弈也是不能忽视的。在世界各国都将目光投注到中国、希望中国出力时，中国除了尽经济大国的责任和义务外，也有望增加全球话语权。毕竟目前中国在区域集团化中虽具有一定话语权，但全球话语权还不够。在日益复杂的国家博弈中，我们虽然不必效仿美国、国际货币基金组织等进行国际援助时采取的近乎要挟的做法，但应该充分把握债权人的主动权。就美国而言，放松向中国出口高科技产品的限制、向中国金融机构放开美国金融体系准入、允许中国在美国进行更为自由的并购等，都可以成为谈判的内容，而这些都是美国所信奉的自由主义的应有之意。同时，针对持有美国国债等可能面临的汇率贬值、通胀等风险，我们可以要求更高的溢价和保障措施。这些措施包括：第一，中国只增持与通货膨胀指数挂钩的美国国债(TIPs)，并要求美国将部分存量国债转换成 TIPs；第二，中国可要求美国政府在新增国债中给予购买方一个期权，该期权允许购买方在一定时间范围内，以锁定价格购买被美国政府国有化的商业银行股权，这个锁定价格应该与美国政府国有化时支付的成本相关性不大；第三，如果美国政府继续向人民币汇率施压，则美国政府应该就人民币升值对中国外汇储备造成的损失向中国政府做出赔偿。当然，美国政府不会全盘接受我国提出的附加条件，但是，这些条件的提出可以使中国政府在购买美国国债问题上占据更多的主动权，处于更有利的谈判地位。

综上所述，从长期来看，我国外汇储备资产以美国债券为主存在着汇率风险、信用风险和流动性风险等，所以逐步减持美元资产，优化储备资产的配置成为当务之急。

5.2 国际外汇储备资产管理的新趋势

外汇储备的管理目标是实现安全性、流动性和盈利性，其中安全性和流动性是首要目标。但随着外汇储备数量的上升，在保证外汇储备资产安全性和流动性的同时，各国中央银行也开始兼顾外汇储备的收益性。国际储备资产管理出现了以下新的趋势。

5.2.1 资产投资组合多元化

外汇储备资产一般倾向于流动性比较高的安全资产，如银行存款、国债、政府机构债券和国际债券在各国储备资产中的比重都比较高。这类资产往往风险小、收益低。以上资产工具虽然仍是外汇储备资产的主要组成部分，但中央银行也开始偏重于对一些具备一定流动性风险的市场工具进行投资。根据国际清算银行(2008)对27个中央银行的问卷调查，一些中央银行外汇储备已经将指数化债券、公司债券、金融衍生品，甚至对冲基金列为可投资资产类别。以国外官方持有的美国长期债券资产变动为例，海外官方持有的美国长期债券资产尽管仍占绝对地位，但比重已从1994年的84%下降到2007年的56.7%；同时美国机构债券比重大幅度提高，从3.5%提高到29%。两种资产持有比例的变化充分反映了各国储备资产投资方向的多样化。此前外国中央银行主要购买美国国库券，而为了追求高收益，从2005年开始他们转向购买其他美国政府债券，例如由次级抵押贷款机构所发行的债券。此外，外国中央银行的投资也从流动性非常好的短期债券转向长期政府债券。可见，中央银行扩展了外汇储备资产可投资的资产范围，资产投资组合更加多元化，向风险更高的组合转变。

5.2.2 配合国家战略，增强收益性

许多国家外汇储备管理在淡化了安全性、流动性、盈利性目标后，逐步转向配合国家战略，提高收益性，追求国家财富增长。例如，石油输出国很大程度上着眼于在原油资源枯竭之后保障本国经济正常运转的需求；新加坡等国是结合本国人口及资源特点，保障本国在海外获得长期稳定收益来源。

5.2.3 分机构管理，满足不同需求

在确保必要流动性需求的前提下，部分投资于收益率较高的领域。中央银

行一般设立两个或两个以上的分支机构，对不同目标的外汇储备资产管理加以区别，典型的是分为投资管理机构和流动性管理机构。每一个机构都有不同的投资指引，特别是投资管理机构更加注重投资回报目标，不一定严格遵守传统的安全性和流动性目标。不过，不同中央银行划分分支机构的标准并不相同，管理的储备资产的相对和绝对规模差异也较大。一些中央银行将超过 50%的储备资产交由流动性机构管理，而有些中央银行划拨给流动性机构的储备资产不超过 10%。一些国家还成立了专门机构或委托专业机构对外汇储备进行管理。除了早期的新加坡政府投资公司(GIC)和淡马锡控股(Temasek)，挪威于 1998 年成立了挪威银行投资管理部(NBIM)；韩国于 2005 年 7 月成立了韩国政府投资公司(KIC)。我国于 2007 年 9 月成立了中国投资有限公司(GIC)，负责管理和运营 2 000 亿美元的外汇储备。这不仅反映出政府对提高外汇资产投资收益率的急迫心理，更说明了为如何运用好巨额外汇储备，政府开始尝试一条新的投资之路。

5.2.4　投资方式采取自营和外包相结合

外包是现代企业管理中的重要思想，不但在理论上具有详细的论述，在实践上也有十分丰富的经验，如人力资源外包、信息化建设外包等。各国政府在对外汇储备资产进行管理时，也开始实施谨慎的外包，通过将部分资金委托给世界一流的投资专业机构进行管理，不但可以获得较高的预期投资回报，也可得到外部专业机构所能提供的投资研究报告、市场情报资讯与投资管理经验等。国际清算银行的调查显示，超过 2/3 的被调查中央银行已经选择了外部管理人。不过，通常由外部管理人管理的资产不会超过储备资产的 5%，只有少数几个国家超过 5%以上。较为成功的例子是挪威中央银行，挪威中央银行从 1999 年开始将一些储备资产交给外部经理，策略资产配置也由外部管理和内部管理共同进行。目前，挪威银行投资管理部(NBIM)约 50%的股票组合由内部管理，其余由 15 个外部经理管理。

5.2.5　信息披露力度增强

一直以来，外汇储备规模以外的信息如储备资产结构、投资领域等，中央银行都是很少向公众发布。不过随着投资透明度的逐步提高，关于储备资产的构成、外汇储备的管理框架以及投资效果等信息逐渐被中央银行公布。尽管不同中央银行公布外汇储备资产的信息频率、内容以及时效性差异依然很大，但当前的一个趋势就是不断加大公众信息披露力度。在不违反商业机密的前提下公开信息，向公众定期披露外汇储备的投资损益状况，非但不会降低外汇储备管理的效能，反而会促使外汇管理部门更加尽责地关注储备资产的运用效果，在确保风险管理的基础上努力使外汇储备保值和增值。从目前各国公布信息情况来看，主要涉及可投资资产范围、资产配置情况、储备管理的制度框架、储备资产货币构成、资产投资表现等。其中制度框架、可投资资产范围是最为公开的信息，而披露资产配置和货币结构以及投资表现信息的国家相对较少。

5.2.6 完善法规制度体系，严控风险

世界上很多国家在进行多元化外汇资产管理的过程中，都对外汇资产的管理和运用提出了较高的安全性和流动性要求，建立了完备的决策机制和风险控制机制，并且以法律法规的形式予以明确，通过专项立法保障外汇储备资产的规范化经营。如韩国有《外汇交易法》和《预算结算法》；日本制定了《外汇及对外贸易法》和《日本银行法》；中国香港制定了《外汇基金条例》；新加坡有《金融管理局法》和《货币法》。相比之下，目前我国的《中国人民银行法》仅在第 4 条和第 32 条对外汇储备经营有原则性规定。而作为中国外汇管理基本法规的《外汇管理条例》对外汇资产的运用却没有规定，需要进一步补充完善。为了更好地有效管理和使用外汇资产，国家有必要为此专门制定法规，可以考虑制定《外汇资产管理法》、《国家外汇投资公司法》等法规，以规范外汇储备资产的投资行为，明确其职责，提高资产质量和投资效益，加强监督管理和风险控制，从而保证外汇资产的保值增值。

在风险管理方面，很多国家的管理高层直接介入风险控制，注重运用计量模型进行资产配置和风险评估。对投资经理选择、基准回报确定以及纠偏计划的制订越来越市场化。定期对外汇储备的风险状况进行“压力测试”，以保障极端环境下的资产安全。

5.3 中国金融类外汇储备资产结构配置策略

从前文的分析已经知道，我国外汇储备资产主要偏向于美元资产；而在美元资产中又偏向于购买美国国债。这种投资结构是将重点放在了安全性和流动性上，而忽视了储备资产的盈利性。随着中国外汇储备规模的增长，如何提高外汇储备盈利能力是中国储备资产管理当局面临的巨大挑战。外汇储备在满足流动性需求的基础上，有必要拓宽投资渠道，寻求更合理的配置，以提高外汇储备资产的收益性。本书接下来将从金融和非金融资产两个角度对中国外汇储备的资产组合管理进行分析。

5.3.1 中国金融类外汇储备资产的配置原则

外汇储备中的绝大部分资产形式都是金融类资产。这些资产的种类包括银行存款、长期、中期和短期国债、机构债券、企业债券、股票和衍生金融工具等。金融类储备资产的配置原则是在保证储备资产的安全性、流动性的前提下

兼顾盈利性。外汇储备资产的形式不同，其流动性、安全性和盈利性也不相同。一般来说，短期的、变现能力强的外汇储备资产，其流动性强，风险性较小，但收益性低；而长期的、变现能力差的外汇储备资产，其流动性差，风险性也较大，但收益性高。由此，将一国的外汇储备资产形式按照风险从低到高的标准，分为以下三类。

一级储备，包括现金、活期存款、短期国债及商业票据等。这类资产的流动性最好，但收益率最低。

二级储备，包括各种定期存单、大额存单及中期国债等。这类资产的收益率高于一级储备资产，而变现能力低于一级储备资产。

三级储备，主要是指各种长期投资工具。这种资产的收益率最高，但变现能力最差。

在一级储备中，活期存款流动性最高，可随时开出支票对外支付。短期国债和商业票据流动性也不错，通过贴现很容易在二级市场上转让。对于定期存单、大额存单及中期国债这些二级储备，在流动性方面较一级储备差，但是它们可以提高外汇储备的盈利性。如果一级储备出现不足，它们也可以作为补充避免流动性风险。至于三级储备，它的盈利性最高，但流动性也是最差的，而且风险性最大。因此对于外汇储备资产的选择必须兼顾其安全性、流动性和盈利性，在三者间进行权衡，并随时加以调整。一般来讲，世界上大多数国家的央行首先要确定出一级储备和二级储备的规模，剩下的储备部分作为三级储备进行长期投资，也就是说在保证安全性和流动性的基础上再考虑其盈利性，即持有外汇储备的意义按照重要性排序分别是安全性、流动性和收益性。

长久以来，我国外汇储备管理确立了“零风险、低收益”的经营目标。外汇储备管理的着眼点仅是为了满足国家直接用汇和中央银行货币政策调控的需要，而不是为了储备资产增值或盈利的需要。在这种思想的指导下，国家外汇储备营运管理失去了追逐经济效益的目标，导致经济效益十分低下，并连续几年出现亏损局面。“零风险、低收益”的经营目标过于保守导致外汇储备盈利性差，这一目标已远远不能适应当前的实际。当前，应结合外汇储备风险管理的基本原则，重新明确我国外汇储备管理的目标。

首先，安全性仍应放在外汇储备资产管理的首位。在浮动汇率制盛行、国际金融形势复杂多变的今天，我国持有的巨额外汇储备稍有不慎，就可能蒙受损失。外汇储备不同于黄金，它的价值往往受制于货币政策、货币地位以及该货币发行国的经济状等的变化与影响。同时，安全性不仅要对货币汇率、利率风险进行防范，还要对变现、流通、兑换以及存放保管风险进行防范。

其次，外汇储备具有干预资产的功能，这就使流动性成为外汇储备资产管理的重要目标。随着我国经济对外开放程度的不断加大、外汇体制改革的不断深入以及人民币汇率灵活性的不断加强，外汇储备要作为随时可使用的干预资产来适应外汇流出、流入的季节性变化，因而流动性也将成为一个重要目标。

最后，盈利性应是我国外汇储备资产管理中要引起充分关注的目标。在我国外汇储备规模不断扩大的情况下，持有外汇储备的机会成本很高，因此可以考虑运用市场化的多元化投资方式，寻求最优化分配，获取较大的收益。总的来讲，随着外汇储备机会成本的不断加大，必须考虑储备的收益。而在世界发达国家，外汇储备增值已成为一项义务，外汇储备一般金融资产性质越来越明显。我国目前经营的目标原则应当由“零风险、低收益”迅速向“低风险、中收益”上转移，在世界经济稳定的情况下，甚至可以短期内实行“中风险、高收益”。

5.3.2 借鉴国外经验，建立多层次资产组合

对于金融类储备资产，可以依据上述原则，借鉴国际上的先进经验，针对不同的需求，建立不同的资产组合。

挪威是世界第八大产油国，2005 年日均生产原油 297 万桶，并且仍有大量尚未开采的油气资源。同时，挪威也是继沙特、俄罗斯之后的世界第三大石油出口国。大量的油气出口，为挪威带来了大量的石油美元。2000 年以来，挪威外汇储备以平均 6%的年增长率快速增长，而挪威 GDP 的年均增长率不到 4%。挪威银行多年来一直实行多层次的投资组合管理，其在储备资产管理方面的经验值得我们借鉴①。挪威银行只需要保留少量的外汇流动性即可满足交易性需求，这主要是由于挪威国内外汇市场上不存在买卖限制，任何需要国际支付手段的人都可以通过外汇市场直接获得。挪威克朗汇率实行独立浮动，法律禁止央行频繁入市干预汇率，因此挪威外汇储备预防性需求较弱。油气产业是挪威的支柱产业，每年都有大量的油气出口，油气出口为挪威带来了巨额的石油美元，由此产生的外汇储备属于经常项目下的债权性储备，因此更具稳定性。这就意味着挪威的外汇储备可能也需要用于长期投资，以保障外汇储备的长期国际购买力，因此挪威外汇储备的盈利性动机很强。但由于石油和天然气属于不可再生资源，挪威国内油气储量毕竟有限，如何能够合理利用有限的油气资源所创造的外汇，实现可持续发展以及石油美元的代际分配，是挪威外汇储备管理当局面临的两大问题，因此，在挪威对发展性外汇储备需求较强。

综上分析，挪威外汇储备的交易性以及预防性需求相对较弱，储备管理更加关注外汇储备的发展性需求，以保障长期国际购买力。并且，经常项目下产生的储备规模稳定，这也促使挪威银行积极寻找分散外汇储备风险的途径。因

---

① 巴曙松，刘先丰．外汇储备管理的多层次需求分析框架——挪威、新加坡的经验及其对中国的借鉴[J]．经济理论与经济管理，2007(1)．

此在综合考虑自身情况后，自 1990 年挪威银行便开始对外汇储备实施多层次管理。以全部外汇储备建立了货币市场组合、投资组合以及缓冲组合(表 5-1)。货币市场组合主要用于满足外汇市场相关的交易需要；投资组合主要用于保障外汇储备的长期购买力；缓冲组合主要用于实现石油资源的代际分配。储备资产可以根据国内经济形势、货币政策以及汇率政策需要在货币市场组合与投资组合之间划转。截至 2006 年 9 月，挪威外汇储备投资涉及 42 个发达和发展中国家经济体以及 31 种货币。总之，挪威银行多层次外汇储备管理的最大特色就是全球配置的组合管理。

根据三大组合的不同管理需要，挪威银行还下设两个独立机构：货币政策部(NBMP)和投资管理部(NBIM)。货币政策部(NBMP)负责对货币市场组合进行管理；投资管理部(NBIM)负责管理投资组合和缓冲组合。成立于 1998 年的投资管理部，是挪威央行下属的资本管理公司，它的成立奠定了今天挪威外汇储备积极管理的基本架构。它管理着三大组合中的投资组合和缓冲组合，主要任务是发挥其作为机构投资者的优势，履行其作为投资管理者的职能，对外汇储备进行积极管理，而不介入一般的银行业务。2000 年，投资管理部进行了小规模的指数和加强指数投资。从 2001 年起，一些组合已经开始投资于股票，从 2003 年开始，又投资于没有政府担保的债券，从而使资产组合更加多元化，投资的持有期限较以前也有所延长。而对于以满足交易性和预防性需求的货币市场组合，由于这两种需求动机与货币政策和汇率政策结合紧密，并且更多的是在保证高流动性的基础上在国内货币与外汇市场发挥作用，因此挪威银行将其划归独立的挪威银行货币政策部(NBMP)进行管理和运作。

表 5-1　截至 2006 年 9 月挪威外汇储备的三大组合

项目	货币市场组合	投资组合	缓冲组合
投资目的	保障短期、轻度外汇市场干预，满足外汇市场相关的交易需要	保障外汇储备的长期购买力	实现石油资源的代际分配
组合规模(百万挪威克朗)	7 771	205 687	3 497
所占比例(%)	3.58	94.8	1.61
投资策略实施机构	NBMP	NBIM	NBIM
投资范围	货币市场工具(存款、第三方协议)	权益工具、固定收益工具	权益工具、固定收益工具
投资比例	未公布	权益工具 40%；固定收益工具 60%	权益工具 30%；固定收益工具 70%

续表

项目	货币市场组合	投资组合	缓冲组合
地域限制	国内货币市场	权益工具:欧洲 50%,美洲/亚洲 50%;固定收益工具:欧洲 55%,美洲 37%,亚洲 8%	权益工具:欧洲 50%,美洲/亚洲 50%;固定收益工具:欧洲 55%,美洲 37%,亚洲 8%

资料来源:挪威银行网站。

挪威外汇储备资产投资组合的经验有以下三点值得借鉴:一是分析本国的经济特点,明确自身持有外汇储备的需求动机;二是将不同性质的储备资产交由不同的部门管理,满足交易性和预防性需求的高流动性资产与满足盈利性需求的长期资产风险收益偏好是不一样的,所以分别交由不同的专业化管理运作主体操作;三是重视发展性需求,建立专门满足发展性需求的资产组合。

挪威银行的经验显示,要想提高外汇储备管理运用效率、减小外汇储备资产管理风险,就要针对不同外汇储备需求动机,建立不同的外汇储备投资组合。由于中国外汇储备的各个需求动机都相对较高,适当地针对不同需求动机建立不同的投资组合,也是很必要的。本书第 3 章已经详细介绍了中国对外汇储备的交易性需求、预防性需求、盈利性需求和保证性需求(其本质相当于挪威银行的发展性需求)。对于中国的实际情况而言,首先应确定各部分储备需求的适度规模,在保有适当规模的高流动性外汇储备的前提下,将不需要用于流动性目标的外汇储备分出来,主要用于追求收益性和长期发展的目标,这种做法在实践中不仅是可行的,还体现了追求国家财富增长的外汇管理目标。

首先,要建立类似于挪威银行的流动性组合。流动性组合是用来满足进口付汇、外商投资利润汇回、外债还本付息和干预外汇市场稳定本币汇率等需要的组合,所需规模也由这些需要来决定。在第 3 章已经大致估算出这部分的需求在 9 000 亿美元左右。对这部分投资组合经营管理的原则应该是注重安全性和流动性,一般投资在流动性最强的投资工具上,因而必须极力回避投资风险。可以选择风险最小的投资工具,比如信用级别较高的短期债券和商业票据、国外商业银行短期存款以及具有规避风险功能的衍生金融工具等。

其次,要建立类似于挪威银行的投资组合和缓冲组合。实践证明,用于满足盈利性和保证性需求的外汇储备资产是适合进行长期投资的。因为保证性储备需求是用来满足维护国际信誉、提高对外融资能力、增强综合国力和抵抗外部脆弱性的能力等需要的,储备在当前使用的可能性不大,其投资组合也可侧重于收益性。因此这两部分投资组合的经营管理原则是要注重盈利性。从我国实际外汇储备总额中扣除交易性和预防性储备需求后的余额,就构成盈利性和保证性需求外汇储备额以及超额外汇储备。在第 3 章的估算中可以看出，我国这部分储备额度非常高，大约有 10 000 亿美元。这部分储备可投资于中长期债券、优质企业股票、衍生金融工具等风险高但收益也较高的投资工具。

当然这三部分组合的额度不是一成不变的，应该根据国家经济发展的计划、国际金融市场的行情、外汇储备数额的多少等综合性因素进行适当调整。因此，在严格区分和隔离用以满足不同需求的外汇储备组合，尤其是流动性组合和投资资产组合的同时，建立合理的不同组合资产之间的划拨机制，也有助于外汇储备更好地管理和运用。

最后，不同的资产组合应像挪威银行一样由不同的机构进行管理。建议流动性组合仍由外管局来管理；而投资组合和缓冲组合应由中投公司来管理。无论哪一类资产组合，都应采取覆盖信用风险、市场风险和操作风险的全面风险管理，积极引入 VaR 系统等资产风险测量方法，来评估各级外汇储备资产的风险损失。采取尽可能多的措施减少系统性风险带来的损失、尽量避免非系统性风险造成的损失。

5.3.3　美元储备资产的配置与调整策略

由于我国外汇储备中美元资产占主要部分，下面将对美元资产的调整与配置进行分析。面对美元长期贬值和通货膨胀的压力，对于持有大量美国国债的中国来说，一个顺理成章的思路就是根据市场的变化卖出国债，既可以获得投资收益，又可以避免未来可能的损失。但是在中国已经是美国国债第一大债权人的情况下，贸然抛售美国国债可能会造成对全球和中国自身都不利的后果，也不利于中国努力塑造负责任的大国形象。从更现实的角度看，在金融危机已经明显波及世界各国的情况下，抛售美国国债以后也难以找到理想的再投资产品。因此短期内，抛售美国国债并不是一个可行的，或者说最佳的对策。但是，这并不意味着我们在短期内美元资产管理的问题上没有任何的调整余地。

1. 在增量外汇储备管理中减少对美国国债的增持

如前所述，在适度的储备规模之内，追求外汇储备资产的流动性与安全性是不容置疑的。但如果外汇储备规模远超出流动性与安全性的水平，则超出部分就应该更多地考虑储备管理的收益性。因此，我国不应该继续增持美国国债了。另外，随着金融危机的影响逐渐扩散，在我国外汇储备增长速度减缓的情况下，继续增持美国国债也失去了足够的理由。事实上，在过去的 2008 年，日本、英国和石油输出国持有的美国国债尽管从总体上看也处于增长状态，但是其随着国内和国际形势的变动，都经历了不同程度的波动。只有我国持有的美国国债数量始终保持稳定的增长，这种状况就多少显得有些异常。

2. 在存量美元资产中进行期限和结构的调整

对于近万亿美元的存量资产进行结构和期限调整，不属于减持，对国际金融市场的震荡影响较小。

(1)减持美国长期债券，增持美国短期债券

从债券到期收益率的决定公式可以知道，影响债券到期收益率的主要因素就是债券的市场价格。市场成交价格越高，则债券收益率越低。而市场价格则反映了市场投资者对债券的追捧程度。全球金融危机爆发后，大量资金出于避险的需求开始转向投资美国国债。而从美国长期国债和短期国债收益率的对比看，虽然长期国债的收益率也开始出现微弱下滑，但是短期国债的收益率下滑的速度更明显，说明这些避险的资金主要投资在短期国债上。2008 年 12 月，当市场恐慌情绪达到高潮时，1 个月和 3 个月期限的美国短期国债收益率甚至出现了低于零的局面。在短期国债收益率已经几乎降无可降的情况下，对长期国债的需求才开始上升，长期国债收益率也有所下降。美国短期国债收益率的下降表明寻求避险的投资者不断从其他资本市场撤出以后买进美国短期国债，而 10 年及 30 年期限的美国长期国债收益率相对平稳的趋势则清楚地反映出市场对美国政府为救市而发行巨额国债的恐慌。因此当前在不抛售美国国债的情况下，我们可以用到期债券进行期限调整。在进行再投资时重点配置短期债权，在提高流动性方面获得好处。由于从长期来看美国面临着通货膨胀和美元贬值的风险，对到期债券资金进行配置时，就要适度降低对美国长期债权的投资。而且从理论上说，债券的久期越大，利率的变化对该债券价格的影响也越大，因此风险也越大。投资者在预期未来降息时，可以选择久期大的债券；在预期未来升息时，可以选择久期小的债券。在目前美国利率水平已经见底的情况下，减持美国长期债券，增持美国短期债券应该是合理的选择。

(2)降低国债和机构债，增持公司债和蓝筹股

债券投资和股票投资是证券投资的两种主要形式，由于两者的投资方式不同，其收益率也不同。尽管股票投资收益率高，但其风险也相对较高。而债券投资与股票投资相比，其投资收益较低，但相对稳定，更重要的是其投资风险较小，收回本金的可能性大，更符合我国外汇储备管理的安全性原则①。因此，传统上，我国的外汇储备证券投资形式一直以债券投资为主，适度投资于股票。从表 5-2 中 2002 年 6 月到 2008 年 6 月世界各国持有美元资产的期限结构上看，我国股权的持有比例显著低于世界平均水平以及英国和日本。世界各国持有股权的平均水平为 30%，英国高达 49%，而我国在股权投资方面一直维持在 3%以下，直到 2008 年才开始上升到 8%。与持有美国股权比例过低形成鲜明对比的是，我国债权尤其是长期债权的持有比例过高，长期债权的比例

---

① 我国外汇储备的经营以安全、流动与保值为基本原则，安全性是外汇储备管理的首要原则。

高达 90%①。目前发达国家的股票市场处于多年来的低位，投资价值明显上升。相比继续购买美国国债，在欧美市场上大举购入非金融蓝筹股股票，无论从潜在收益率还是从潜在风险上来看，后者都有可能是更优选择。

表 5-2　各国持有美国证券的资产组合　　单位：%

国家	股权比例	长期债权比例	短期债权比例
世界平均水平	30	60	10
英国	49	47	4
日本	16	79	5
中国	4	90	6

数据来源：美国财政部 TIC 数据库。

在我国持有的长期美元债权中，又主要以国债和机构债为主。从 2002 年 6 月到 2008 年 6 月世界各国持有美元资产的产品品种上看，长期债权中公司债券的比重略大于国债，机构债比重相对最低。如英国长期公司债持有的比重大约是国债的 4 倍，机构债的持有比例略低于国债，显示出比较明显的激进的投资风格。而在我国持有的长期美元债权中，主要以国债和机构债为主，而且两者比重大体相当，公司债比重微不足道，稳健投资风格非常明显。但是，由于国债和机构债在风险和收益方面的特征比较相近，因此我国同时大量持有的国债和机构债在功能上略显重叠。根据国际上的经验，一国主权财富基金在初期发展中应该更关注相对稳健的公司债投资，积累一定的市场经验以后再进行股权投资。这样的做法事实上也是世界其他国家大多数主权财富基金的发展模式。因此，将美元长期国债和机构债调整为美国信用评级较好的公司债券是十分必要和可行的。这将有助于进一步提高我国外汇资产的收益率。

所以和国际水平相比，我国应当降低国债和机构债的比重，适当增持公司债，等条件成熟后再适当增持股票。当前美联储收购国债和机构债的政策正好为我国的产品结构调整提供了可能。

5.4　中国非金融类外汇储备资产结构配置策略

我国庞大的外汇储备在目前由美国次贷危机引发的全球金融危机中潜伏着巨大的风险，确保我国金融国有资产的安全是当前最紧迫而现实的任务。根据

① 这些数据是根据美国财政部 TIC 数据库的数据整理而来的，包括官方和私人的美元资产，基本上可反映当前美元资产市场的总体情况。

前文测算，我国有将近 10 000 亿美元的超额储备，如何把存在巨大贬值风险的美元换成比较安全稳定的其他储备资产或我们急需的战略资源，如何提升对产业投资的比重成为亟待解决的问题。为此应积极推动外汇储备结构调整，进行外汇储备的转型，在保留必要金融类资产外汇储备规模的同时，克服外汇储备过高带来的不利影响，发挥其维持宏观经济稳定和创造较高收益的最大效应。现在可以考虑的外汇储备转型方向有三个：一是将部分外汇储备转化为黄金储备；二是将部分外汇储备转化为战略物资储备；三是将部分外汇储备转化为能够刺激经济增长的发展性储备。建立起兼有外汇储备、黄金储备、战略物资储备和发展性储备的综合储备体系。这一储备体系主要以非金融资产的形式存在。非金融资产包括金融资产以外的一切资产，如战略物资、房地产、公共基础设施，同时也包括无形资产，如技术等。

5.4.1 增加黄金储备份额

黄金是一种重要的储备资产。首先，黄金的流动性较高，可随时按市场价格变现，这符合储备资产应对不时之需的特点。其次，黄金具有较高的安全性，黄金本身具有价值，购买力相对稳定，是最可靠的保值手段。历史上每逢政治和金融局势的动荡就出现抢购黄金的浪潮。最后，黄金收益与储备资产中其他产品的收益不相关。多样化的投资组合要求投资工具之间具有较弱的相关性，也就是说影响组合中产品风险和收益变动的因素是完全不相同的。由于黄金价格与美元汇率之间呈负相关关系，黄金储备是对冲美元贬值的最佳金融资产。这样，持有黄金储备能在规避美元贬值风险的同时获取黄金升值的收益。此外，一国拥有黄金可以自主控制不受外来干预，因为黄金储备完全属于国家自主的权力之内。

目前发达国家黄金储备占外汇储备已经升至 1/3 以上，而目前发展中大国的黄金储备不到外汇储备的 1/50，这与发达国家形成鲜明的对比。如表 5-3 所示，在官方黄金储备排名前二十的国家(地区)中，美国共有黄金储备 8 133.5 吨，占其外汇储备的 78.9%，排名世界第一。而在其余国家(地区)中，有 12 个为欧洲国家，且其黄金储备在外汇储备中的份额均较高。相比较而言，亚洲国家(地区)黄金储备的总量偏低且在外汇储备中的份额较小，平均水平为 2%。其中，日本央行的黄金储备为 765 吨，占外汇储备的 2.2%；印度作为世界黄金的第一消费大国，央行持有的黄金也不过 357.7 吨，占外汇储备的 4.2%。中国的黄金储备自 2002 年 12 月以来一直都仅为 600 吨，占外汇储备比例不足 1%，远低于其他国家(地区)。这种状况和一个发展中大国的地位极不相称。这种战略储备结构不仅是中国金融体系的薄弱环节，而且这种结构性的缺陷说明中国在应对信用货币风险方面已大大落后于欧美国家。造成这种状况的原因在于：一是对黄金战略意义认识不足；二是过于追求美元储备的短期收益。但是，受国际上经济不平衡发展及美国的双赤字影响，美元储备资产的风险在不断增加。所以，增持黄金、实现黄金储备的正常增长，这对提高中国的信用风险抵御能力，提高对外汇储备的保值、增值能力都极为必要。中国政府也已经认识到黄金储备的重要性，开始逐步增加黄金储备的数额。2009 年 4 月外汇管理局宣布，自 2003 年以来通过国内杂金提纯以及国内市场交易等方式，中国黄金储备增加了 454 吨，目前已达到 1 054 吨，成为世界第五大黄金储备国。但是应该看到，中国虽然增加了部分黄金储备，但黄金储备在整个储备资产中占比仍不到 2%。而发达国家黄金在外汇储备中的占比普遍高达 40%～70%，欧元区国家黄金在外汇储备中占比达到了 60.8%。这意味着中国黄金储备仍有很大的增加空间。

表 5-3　世界官方黄金储备比例表

序号	国家(地区)组织	数量(吨)	黄金占外汇储备(%)
1	美国	8 133.5	78.9
2	德国	3 412.6	71.5
3	国际货币基金组织	3 217.3	—
4	法国	2 487.1	72.6
5	意大利	2 451.8	66.5
6	中国	1 054	1.6
7	瑞士	1 040.1	41.2
8	日本	765.2	2.2
9	荷兰	612.5	61.7
10	欧洲央行	563.6	23.7
11	俄罗斯	523.7	4
12	中国台湾	423.6	4.2
13	葡萄牙	382.5	90.2
14	委内瑞拉	363.9	35.5
15	印度	357.7	4.2
16	英国	310.3	18.7
17	黎巴嫩	286.8	30
18	西班牙	281.6	40.5

续表

序号	国家(地区)组织	数量(吨)	黄金占外汇储备(%)
19	奥地利	280.0	50.5
20	比利时	227.6	42.5

注：1. 数据来自2009年3月国际货币基金组织的国际金融统计数字及其他可得到的来源。国际货币基金组织的数据有两个月的延时，所以大多数数据是2009年1月的。最近6个月未向国际货币基金组织报告的不列在表内。

2. 黄金占外汇储备百分数依据世界黄金协会数据的计算。金价按2009年1月底的每盎司919.50美元计算(每吨按照32 151盎司计算)。

但是，黄金储备究竟应该占外汇储备的多大比例目前还没有严格的标准，需要根据国际金融形势发展变化的不同时期来决定。有专家指出，如果考虑到全球黄金资源并不乐观的形势及其长远潜在价值的预期、工业用金量的增加、新工业应用领域的不断开拓，中国国库战略储备量应达到德国、法国、意大利的水平。这意味着中国对黄金的需求至少要增加1 400～2 400吨。按照2009年1月底的每盎司919.5美元的黄金价格计算，为414亿～709亿美元。鉴于目前中国黄金储备占外汇储备比例偏低，也有专家曾建议将黄金储备增加到外汇储备的8%～10%。目前，1 000多吨的黄金储备约合300亿美元，如果要达到上述比例，需要增加1 200亿～1 600亿美元。不管按照哪个标准，我国目前的将近1万亿美元的超额外汇储备完全能满足这部分需求。

除了直接增加官方黄金储备外，增加民间黄金储备是对国家黄金储备偏低的一个有力补充。中国与美国和欧洲国家不同，这些国家的黄金储备都很高。中国和印度也不太一样，印度虽然官方黄金储备不高，但它的民间黄金储备很高。如果中国民间黄金储备很高的话，也不需要那么多的官方黄金储备。但是中国的情况是民间黄金储备很低，官方黄金储备更低，这应该引起政府的高度重视。总之，中国应该把增加黄金储备和开放民间黄金市场、增加民间黄金持有量联系起来，更好地使官方黄金储备和民间黄金储备“双增”。

5.4.2 建立石油等战略物资储备

能源作为我国国家战略性资源，是我国经济增长和社会发展的重要物质基础，能源安全是实现我国国民经济可持续发展和社会进步所必需的保障前提。当前，我国建立起以石油为主的战略物资储备是十分必要的。

首先，中国由石油输出国变成净进口国，石油消费需求旺盛，对国际市场依赖严重，建立石油战略储备对内有助于抑制“油荒”。我国作为发展中的石油消费大国，同时也是人均占有油气资源相对贫乏的国家，已探明的石油资源人均水平和人均产油量分别仅为世界平均水平的17.6%和21.4%。近10年来，中国国民经济快速增长，产业结构迅速变化，带动中国石油消费量快速增长，年均增长率达到 6%以上，而国内石油供应年增长率仅为 1.7%。国内这种供求矛盾使中国自 1993 年成为石油净进口国之后，石油进口量逐年增加。2003 年，我国原油进口量达 9 000 多万吨，成为仅次于美国的世界第二大石油消费国。国家发改委副主任陈德铭表示目前中国战略石油储备量在 200 万吨至 300 万吨之间，2010 年前将增至 1 200 万吨。预计到 2020 年中国需求量将达到 4 亿多吨，出现 2.4 亿吨的石油缺口。

其次，全球石油供求关系总体紧张，作为一种不可再生的稀缺资源，石油的储量和产量无法满足市场眼前和未来的需求，建立石油战略储备可以未雨绸缪。据统计，目前世界已探明的石油储量主要分布在中东、里海、拉美和非洲 4 个地区。虽然部分地区，如非洲的石油储量由于不断被勘探出来而会有所增加，但是，全球石油资源总体储量只会随着持续的开采而下降。最近出版的《油气杂志》称，1962 年是石油发现的顶峰，也是石油储量增长的拐点，此后，每年新增石油储量呈下降趋势。该杂志甚至预测，2010 年或 2020 年起，全球石油生产能力将出现永久性的欠缺。

再次，美国、日本和法国等发达国家都已建立强大的石油战略储备，并发挥了积极的作用。中国建立石油战略储备可以提升自己的国际地位，增强与世界强国的对话和议价能力。1977 年，美国开始建立战略储备，在墨西哥湾一带的巨大地下天然洞穴注入石油，并最终建立了 7 亿桶的存储能力和不低于 5 亿桶的实际存储量。依靠这些储油，美国可以在石油进口完全断绝时维持至少两个月的自我供应。石油完全依赖进口的日本经过 30 年努力，已经形成了最充足的战略储备。政府拥有的储量可供全国消费 90 天，民间的储量可以消费 79 天，加上流通领域的库存，足以使国民在石油中断时自给自足达半年之久。由于国际石油运输线主要控制在美国的势力范围内，建立石油战略储备的国防、外交意义也是显而易见的。

最后，由于当前次贷危机已经导致发达国家经济体集体步入衰退，新兴市场经济体经济增长严重减速，使全球范围内对资源的需求骤然下降，以及短期内作为主要计价货币的美元走强，共同导致全球能源与大宗商品价格从 2008 年第 4 季度起急剧下跌。国际原油价格已由 2008 年 7 月的每桶 140 美元以上降至 2009 年的每桶 50 美元左右，铁矿石、铜材、铝土矿等资源价格也大幅度下跌。对那些进口资源依赖程度较高的国家而言，这提供了难得的以低价构筑资源储备的机会。例如，尽管美国在次贷危机中损失惨重，但最近一段时间以来美国仍在大举囤油。2008 年 12 月，美国原油进口量由 11 月的 2.62 亿桶上升到 3.20 亿桶。相比之下，2009 年 1 月中国的原油、成品油、铜及铜材、铁矿石、天然橡胶的进口量均大幅度下降。而能源和大宗商品的低价位未必会维持太长时间。一旦市场对美国国债及美元汇率失去信心，从而导致美元大幅度贬值，则全球能源与大宗商品价格可能重新步入上升通道，全球投资性资金的炒作则会放大这一过程，因此我们必须利用这一稍纵即逝的窗口来增加能源等战略性储备。

因此，从我国经济发展和国家安全的战略角度及国际石油市场价格波动加剧的现实考虑，应借鉴美、日、欧等国家比较完备的石油战略储备制度。通过利用我国充足的外汇储备增加石油、黑色金属和有色金属等战略物资的进口，建立有效的能源保障机制。这对中国的能源安全具有里程碑式的意义。

当然，石油战略储备受到资金、技术、设备、供应、存储、安全、运输和加工等多个环节的制约，也面临着管理、调控、市场等多种考验。因此，这对缺乏经验的中国政府相关管理部门的确是个新课题和新挑战。但是，适应新课题，应对新挑战，是中国成为世界大国的必然过程，也是担负世界责任的重要组成部分，是无论如何回避不了的。

5.4.3 建立发展性储备

发展性储备，是指为了保证实现经济社会的稳定和可持续发展，提高国家整体经济竞争力而进行的投入，通过这些投入能够获得支持经济发展的战略资源。发展性储备包括物资生产能力的储备、技术进步的储备、所需人才的储备、市场控制能力的储备等。温家宝总理 2009 年 2 月 1 日在伦敦接受英国《金融时报》采访时表示“我们正在探讨、探索如何合理有效地运用外汇储备来为我们的建设服务”。在全球经济衰退加剧、各国经济增长速度下滑的背景下，将部分外汇储备转化为发展性储备来刺激本国经济发展，维持各项经济指标的稳定实现，是一项非常合理的举措。

1. 利用外汇储备发展本国经济的方式

对我国这样一个拥有丰富外汇储备的国家而言，动用其来刺激国内经济增长是一剂可选择的药方。但是通过什么方式来实现“外储内用”呢？可否像 4 万亿元的政府支出那样，直接投入到中国的经济之中呢？答案是否定的，因为外汇储备是中央银行用人民币购买的，是中央银行的负债，如果财政使用必须发行国债，通过购买来用。2008 年，我国就发行了 1.5 万亿元国债，购买了 2 000亿美元的外汇储备，由中投公司运营，包括通过企业对外投资。那么财政部购得外汇储备后是否可以将其投入到国内经济中呢？外汇储备要投入到国内经济运行，一定要再转换成人民币。这就面临着二次结汇的问题，央行在从企业和个人手中购买外汇时已经兑换了一次，财政再用美元和央行的本币置换意味着二次兑换。假如汇率是 1 美元兑 7 元人民币，第二次兑换以后，相当于一块美元换出了 14 元人民币，结果是人民币大幅度贬值，造成严重的通货膨胀[①]。也就是说，如果直接在国内使用，在某种程度上是国内货币的增发，这种增发属于财政性发行，而不是经济性发行。因此，正如温总理所表示的，“外汇储备必须用在国外，用在对外贸易和对外投资”。

2. 利用外汇储备刺激本国经济发展的途径

作为一个发展中国家，我国国内各方面的发展都急需资金。如果能将巨额外汇储备投资于国内的基础产业、金融机构、国有企业这些亟待发展的领域，不仅可以提高外汇储备的使用效率，还将对中国未来的发展起到长治久安的作用，增强中国的国际竞争力。既然外汇储备只能用于国外，那么如何来支持国内的经济发展呢？具体来说可以通过以下几个途径来实现“外储内用”，达到利用外汇储备来刺激国内经济增长的目的。

(1)利用外汇储备引进国外的先进技术和关键设备

受发达国家对我国技术出口限制，以及国内经济增长方式和产业结构发展水平的制约，我国引进的技术与国际先进技术水平还存在着一定的差距。跨国公司输出的绝大部分技术属于二流技术。产业技术的发展仍然是制约我国经济发展的“瓶颈”。在一些特殊领域的核心技术和关键装备方面，发达国家仍对包括我国在内的发展中国家实行封锁。因此，提高我国技术水平、增强自主开发能力的重要渠道之一就是可以利用超额外汇储备加大关键设备、技术的进口。如果能够进口一些与环保和能源有效使用相关的技术和设备，不仅从投资的角度对中国的经济增长有拉动作用，也是对全球关心的环境保护和气候变暖问题的积极回应。

更重要的是，较大的外汇储备可以通过推动进口增长来拉动国内的投资增长。可以通过企业向银行贷款，换成外汇，用来购买更多的国外的技术和相应的机械设备，最后都将形成企业的固定资产投资，对经济增长起到直接的拉动作用。中国增加进口，不仅拉动中国经济，对于出口国的经济也是有利的。在全球经济危机的形式下，中国这样使用外汇储备是对全球经济复苏的一个贡献。只要一些国家能够解除一些技术和产品的出口限制，相信中国的进口需求可以对出口国和世界经济的复苏作出更大的贡献。

(2)鼓励优质企业进行对外直接投资或者海外收购

金融危机带来了经济格局和产业格局的调整，中国优质企业可以凭借自身实力在一些重要行业、重要产品中争取更多的话语权，可以趁势“走出去”。可以利用部分外汇储备鼓励我国优质企业走出国境，特别是已经积累一定先进技术、生产工艺和管理经验的、具有国际比较优势的优质企业，到国外进行直接

---

① 左小蕾．外汇储备如何刺激国内经济[N]．金融时报，2009-02-20.

投资或者进行海外收购。一直以来，我国国内企业用汇都受到了限制，企业对外投资用汇手续复杂而且获得的量少，导致我国企业海外投资规模狭小，企业国际竞争力受损。在外汇储备充足的现实条件下，应当放宽这些企业的外汇使用限额，必要时用部分外汇储备对一些比较大的投资项目进行融资。

在政府的大力推动下，我国企业海外并购近期动作频频。2008 年 12 月 18 日，武钢同澳大利亚的南澳 CXM 公司签约，联合开采 20 亿吨铁矿石，其中 10 亿吨的权益归武钢拥有。2009 年 1 月 29 日，联想集团宣布已经就收购美国技术公司 SwitchboxLabs 达成协议。而最受关注的便是中铝公司并购全球第二大铁矿石公司力拓，与众不同的是，此例并购是国际矿业巨头力拓主动与中国铝业公司谈判注资协议。与 20 年前相比，中国企业“走出去”已有质的飞跃。

尽管这些海外交易看起来均为企业行为，但中国政策性银行(尤其是国开行)在其中扮演了重要的融资角色，再考虑到 2007 年年底中投公司对国开行的注资，那么中国政府的“央行—主权财富基金(中投公司)—政策性银行—优质企业—海外并购”的外汇储备管理思路就非常清晰了。即央行将部分超额外汇储备置换给中投公司，由中投公司向政策性银行注资，再由政策性银行向优质企业进行贷款融资，鼓励其进行海外并购。

为鼓励企业海外并购，各种配套措施要跟上：一是出台推动促进企业走出去的政策，2009 年 3 月 16 日，商务部发布了《境外投资管理办法》，对海外投资核准的便利化程度明显提高；二是提供一系列高质量服务，为企业提供必要咨询和培训；三是做好企业间协调，防止中国企业走出去之后无序竞争。

(3)利用外汇储备对金融机构注资改造

在国有银行的股份制改造过程中，中行、建行、工行、光大、农行都得到了注资。这项举措的优点很多：一是国家用注资方式改善了国有银行的资产质量，改善了国有银行资金流的状况，对其上市和走向国际市场都起到了非常大的作用；二是不必动用本来就有限的财政资金；三是不必由央行直接注资，避免了基础货币投放过大；四是由于注入的资本全是外汇而非人民币，兑换具有一系列约束条件，避免了二次结汇等。因此，可以参考中央汇金公司注资国有银行的做法，一次性注资、收购长期以来地方与中央政府频频博弈，迟迟不能解决的地方高风险中小银行等问题。将银行的地方控股转为中央控股(在适当的时候再择机退出)，彻底健全令人担忧的国内金融体系。银行业本身的稳定，就是对经济增长的贡献，而金融体系对实体经济的服务，更是现代经济正常运行的关键。中国金融体系的稳定，可能成为中国率先走出危机的一个重要保证。

(4)将部分外汇储备投资于国计民生行业

教育、医疗、社会保障等行业是关系国计民生的重要行业，同时也是投入很高的行业。目前这些行业的发展仍然以国家的财政投入为主，尽管国家的投入力度不断加大，但仍然无法满足行业发展的需要，与居民的基本要求也有一定距离。因此，可以考虑将过剩的外汇储备投资于这些行业，使其“取之于民，用之于民”。例如，政府可以直接利用外汇储备从国外大量购买国内教育、医疗行业发展所急需的各种设备、技术与其他物资，或者以国家作为投资主体拨付给国内企事业单位使用，或者以优惠价格转卖给国内企事业使用。通过这些方式，动用外汇储备资金加快这些行业的发展。

除此之外，外汇储备还有一些其他的投资渠道，如可以选择性地提前偿还一部分外债，对于各种高息的国际商业贷款尽可能提前偿还，对于附有其他政治要求或连带要求的外国政府贷款尽可能提前偿还。适当动用部分外汇储备对农业进行投资，以改造中低产田、改善农业基础设施、推广农业科技。另外，还可以通过对农副产品加工业和农村出口产业进行投资，以带动相关产业发展等。

总之，面对巨额的外汇储备存量，要进行科学、合理的优化配置。科学、合理地配置外汇储备资产包含两方面内容：一是要按照“安全、流动、盈利”的原则经营管理好外汇储备；二是要拓宽储备运用渠道，把储备运用同国家整个经济发展和改革开放的客观需要有机结合起来。但是在研究储备运用问题时，要有以下几条底线：一是外汇储备在我国是央行投放基础货币收购而来的，在央行的资产负债表上，外汇储备对外是资产，但同时对内是负债。因此外汇储备虽为国家所有但并不能简单地看做政府的财政收入，不能用于一般支出，而是需要作为资产来运用。要通过由某个非央行的其他专门机构实施管理①。既不能用央行的钱来做财政的事，再次造成财政向央行的透支，也不能用于国内使用人民币的项目，造成外汇二次结汇和货币二次投放的问题。二是用储备向国有独资商业银行注资是履行央行化解系统性金融风险、维护金融稳定的职能，要防止把储备注资的做法简单套用、推而广之，引发普遍的道德风险。三是储备运用应该把握适度原则，市场能够做的尽量让市场做，要避免重新形成政府对经济生活的广泛干预，这既违背市场化改革的总体方向，又涉及国有经营体制的效率问题。

外汇储备持续较快增长既给我国提出了前所未有的挑战，也带来了千载难逢的机遇。如果能够用好外汇储备资源、优化外汇储备资产的配置，对于实现我国经济更快更好的发展将起到事半功倍的效果。

① 文亮．合理运用外汇储备是关键[N]．中国证券报，2006-09-13.

第6章 外汇储备管理效益提升的保障——外汇储备管理体系改革研究

外汇储备管理效益的提高，除了规模适度、结构合理外，还需要高效的外汇储备管理体系。外汇储备管理体系建设科学、运行高效是实现外汇储备管理效益提升的重要保障。

6.1 中国外汇储备管理体系的历史沿革

中国外汇储备管理是一个随时间的变化而不断变化的过程。我国要根据世界范围内的贸易环境、各国的经济实力这些客观环境的变化，适时合理地制定相应的外汇储备管理政策。新中国成立以来，我国的外汇储备管理大致可分为三个阶段。

6.1.1 计划经济时期的中国外汇储备管理体系：高度集中控制

新中国成立以后，我国外汇资金曾经在比较长的时间内十分紧缺，国家实行了严格的外汇管制。其特点是：外汇管理体制实行"集中管理、统一经营"的方针；外汇收支实行全面性计划管理，"统收统支，以收定支，基本平衡，略有节余"，企业无权持有外汇，一切外汇收入必须缴售给国家，需用外汇由国家按计划分配；管理和平衡外汇主要采取行政手段，依靠指令性计划和各项内部管理方法对外汇收支进行管理；人民币汇率作为计划核算标准，由国家规定，长期处于定值过高状态；国家的外汇资金和外汇业务由中国银行统一经营；中国基本上不向国外借款，也不吸收外国直接投资。

这种外汇管理体制与当时高度集中的指令性计划经济体制相适应，有利于国家集中有限的外汇资源，对当时实现国际收支平衡和汇率稳定起到了重要的作用。

由于外汇资金实行统收统支，而且长期以来对外经济交往的规模有限，所以当时国际储备问题一直不为人所关注。1979 年以前，国际储备的形式主要是外汇储备，储备量反映在人民银行的外汇结存账户上。中国银行作为人民银行的下属机构，负责办理对外收付、国际融资和国际结算等业务，并具体执行国家外汇储备的经营和管理工作。在这种背景下，我国外汇储备的需求完全由供给来决定，就是“有多少，要多少”。

6.1.2　经济转型时期的中国外汇储备管理体系：向市场化过渡

1980 年，中国正式恢复了在国际货币基金组织和世界银行的合法席位，从此我国被纳入了世界国际储备体系。随着我国改革开放政策的深入实施，对外经济交往在国民经济中的作用和地位不断提高。而一国经济发展水平的国际化程度越高，国际储备的作用也日益显示出其重要性。同期国际金融市场随着浮动汇率制的运行而动荡不定，直接影响我国外汇储备的价值和支付能力的稳定。制定国际储备政策的必要性就越来越明显。

早在 1979 年，国家外汇管理局成立，隶属于人民银行，主要行使管理外汇、国际储备和外债等职能，但国家外汇储备实际上仍由中国银行掌握管理。1983 年以后，中国银行由中国人民银行分设出来，独立履行国家外汇专业银行的职能，中国人民银行的中央银行地位确定。我国形成了以中国人民银行为领导，四大国有专业银行为主体，众多的地方性银行和非银行金融机构相结合的金融体系。各专业银行业务也开始相互交叉融和并开始经营外汇业务。但从外汇储备的经营管理看，中国银行实际上仍担负着外汇储备资产的管理职能，协助中央银行共同管理国家的外汇储备。各专业银行在进行外汇业务中所垫付的人民币资金不是直接向中国人民银行索取，而是通过中国银行进行再结汇。1984 年以后，中国人民银行专门行使中央银行的职能，并且负责管理外汇储备。在此背景下，外汇储备经营开始出现多种形式并存的格局，逐步分为三个主要部分：一是中国人民银行委托中国银行经营部分国家外汇储备；二是中国人民银行自己经营部分外汇储备，主要是由国家外汇管理局及专门机构进行经营与管理；三是中国人民银行委托其他国有银行经营部分国家外汇储备，但所占比例很小。

1992 年以前，我国对外公布的外汇储备是由国家外汇结存和中国银行外汇结存两部分构成。从 1992 年开始，我国外汇储备不再包括中国银行的外汇结存，从此我国外汇储备的统计口径与国际接轨。

6.1.3　1994 年以来的中国外汇储备管理体制：市场化的深入

1993 年 11 月 14 日，党的十四届三中全会通过的《中共中央关于建立社会主义市场经济体制若干问题的决定》中明确要求，“改革外汇管理体制，建立以市场供求为基础的、有管理的浮动汇率制度和统一规范的外汇市场，逐步使人民币成为可兑换货币”。这为外汇管理体制进一步改革明确了方向。1994年至今，围绕外汇体制改革的目标，按照预定改革步骤，中国外汇管理体制主要进行了一系列的改革，具体内容包括：1994年1月1日，人民币官方汇率与外汇调剂市场汇率并轨，建立以市场供求为基础的、单一的、有管理的浮动汇率制；实行银行结售汇制度，取消外汇分成制，允许经常账户下的人民币有条件兑换；建立全国统一的银行间外汇交易市场，为外汇银行调剂余缺和清算服务；取消境内外币计价结算，禁止外币在境内流通；取消外汇收支指令性计划，实现国家对外汇市场的干预由过去的行政手段为主转变为以经济手段和法律手段为主。随着改革的不断深入，1996年4月1日起消除对经常项目中的非贸易非经营性交易的汇兑限制；1996年6月20日颁布的《结汇、售汇及付汇管理规定》将外商投资企业纳入银行结售汇体系；1996年7月1日起消除了对因私用汇的汇兑限制；并在1996年12月1日接受IMF第八条条款，圆满实现了人民币经常项目可兑换的改革目标。

经过外汇管理体制的不断发展，尤其是1994年外汇体制进行的重大改革以来，外汇储备管理体制也相继发生了变化。1994年开始，国务院正式授权中央银行领导下的国家外汇管理局经营外汇储备。这一年，中国银行按照国务院的要求，将经营的外汇储备移交国家外汇管理局，从此外汇储备司(现名储备管理司)作为职能司，开始经营管理国家外汇储备。这样，以中国人民银行为主导，国家外汇管理局及其专门机构进行具体操作管理的管理体制正式形成。具体来讲，中国人民银行是决策机构，负责外汇储备战略和操作层面的决策，而其下设的单位国家外汇储备管理局，负责执行外汇储备监督、管理职能，并且决定外汇指定银行结售汇周转头寸限额，从而决定国际交往中的外汇收支差额中有多少进入外汇储备。同时，国家外汇储备管理司还负责调节外汇储备的币种结构和资产投资结构，在保证中国外汇储备资产流动性、安全性的基础上争取最大的收益。

值得说明的是，实际上中国的外汇储备管理是由国家外汇管理局下属的储备管理司负责，其职责是根据国家外汇储备经营战略、原则，负责国家外汇储备的经营管理及经批准受托经营中国人民银行的外汇存款准备金。储备管理司成立后，不断完善外汇储备经营管理体制，使储备管理从粗放式经营逐渐向高度重视经营管理水平转变。经过多年的运作，目前的储备经营管理已从初建时简单的业务管理构架初步形成了一套完整的管理体系。在实际管理工作中，初步建立了一套比较完整的规章制度，在储备经营中起到了有力的规范作用；同时重视作为市场决策和储备整体战略决策基础的调研工作，加强对人才的培养；加强对储备资产经营的新尝试；在新加坡、中国香港建立了分公司，在伦敦和纽约建立了交易室，利用各自的区位优势经营储备，同时收集信息，尝试新发展。经过不断总结经营管理经验和摸索，逐步提高了外汇储备经营管理体系水平。

伴随外汇管理体制进一步深化改革和我国经济的不断发展，我国国际储备迅速增长，尤其是外汇储备大幅度增加。充足的外汇储备一方面确实表明我国经济地位的提高，抵御国际金融风险的实力增强，但另一方面也给我国的外汇储备管理体制和外汇储备经营管理体制带来了更大的挑战。面对着如此巨大的储备规模和增速，我们也在不断地探求更好的储备管理模式。

2003 年 12 月 16 日成立了汇金公司，利用部分外汇储备对国有商业银行进行注资；2007 年 9 月 27 日中国投资有限责任公司成立，通过财政部发行 1.55 万亿元特别国债购买 2 000 亿美元外汇储备，以此作为中投公司的资本金，由其进行积极的储备管理，并将汇金公司收购旗下。从此，我国的外汇储备分为两部分：一部分由外汇管理局负责持有并管理，这一部分外汇资产的主要功能是维护金融稳定，为货币政策和汇率政策的实施提供资产基础；另一部分则由中投公司持有，目的是进行投资增值。

6.2 外汇储备管理体系的国际比较

在上一节中，我们回顾了我国外汇储备管理体系的历史沿革，经济发展的不同阶段有着不同的管理体系。现在，我们来看一下世界上一些主要的经济体所采取的外汇储备管理体系，试图从中得到一些启示，从而探求我国新形势下的储备管理体系。我们选择国际范围内有代表性的主要国家和地区的外汇储备管理情况进行比较分析，如美国、欧元区经济体、日本、韩国、新加坡等。

6.2.1 新加坡的外汇储备管理体系

新加坡的外汇储备管理体系采用的是财政部主导下的“新加坡金融管理局(MAS)＋新加坡政府投资公司(GIC)＋淡马锡控股(Temasek)”体系。20 世纪 70 年代以来，由于新加坡经济增长强劲、储蓄率高以及鼓励节俭的财政政策，新加坡外汇储备不断增加。新加坡政府在对经济前景进行评估之后，确认国际收支平衡将保持长期盈余。为了提高外汇储备的投资收益，政府决定改变投资政策，减少由新加坡金融管理局投资的低回报的流动性资产，允许外汇储备和财政储备投资于长期、高回报的资产。

新加坡金融管理局(MAS)即新加坡的中央银行，是根据 1970 年《新加坡金融管理局法》于 1971 年 1 月 1 日成立的。MAS 持有外汇储备中的货币资产，主要用于干预外汇市场和作为发行货币的保证。从 1981 年开始，新加坡的货币政策就以汇率作为政策目标，通过外汇储备对外汇市场进行干预，以维持新加坡汇率的稳定。新加坡实行钉住不公开货币篮子的汇率政策，MAS根据国内外市场情况更改货币篮子的内容，干预外汇市场，从而维持新元的稳定。2002年1月，原属财政部的货币督察局也归MAS所属，从此MAS也开始负责货币的发行。货币督察局按照《货币法》的规定，在发行货币时，所发行的货币面额总值至少有100%的货币基金中的国外资产作为后盾，其所包括的国外资产包括黄金、外币活期存款、通知存款、国库券以及各种证券。

新加坡外汇储备积极管理的部分，由新加坡政府投资公司(GIC)和淡马锡控股负责。1981年5月新加坡政府投资公司(GIC)成立，它是一个专业性的对外汇储备进行投资以求保值、增值的机构，外汇储备投资是其最主要的职能。它通过全球6个海外机构在世界主要资本市场上对股票、固定资产、货币市场证券、房地产和特殊的投资项目进行投资。GIC主要对外汇储备进行投资组合管理和多元化管理，类似于基金管理公司。GIC投资的特点是侧重于长期投资，期限一般在一年以上，而且其投资领域广泛，投资对象丰富。GIC具体的投资措施包括以下几个方面。第一，选择所要投资的国家和地区(如经济增长持续、稳定或低通货膨胀率的国家和地区)，同时注重对高科技企业、房地产业及创业资本等特殊行业风险领域进行投资，以期在保证有稳定收益的条件下，尽量获取储备投资的高回报。第二，组合外汇资产的不同币种和资产。如根据同一币种下的不同资产的流动性进行组合；黄金与外国证券的组合；外汇资产与房地产公司等非金融资产的组合；稳定性资产和高风险资产的组合，如债券、股票与创业资本等的组合。通过这些方法，最大可能地减少投资风险，保证外汇储备资产的安全与增值。第三，与基金管理集团、产业投资集团共同合作投资。其对高风险或具有潜在发展前景的项目和计划，除了通过成立附属控股公司单独投资以外，如对房地产、黄金及高科技领域等投资，还与有关基金集团、产业集团共同投资，以期减少投资成本，分散投资风险。第四，投资机构向海外扩展，创造投资机会。如在伦敦、纽约、旧金山和东京等地设立了分支机构，充分使用投资机会，提高投资收益。GIC于2008年9月23日公布了自成立以来的首份年度投资报告，GIC在报告中说，在截至2008年3月底的过去20年间，公司以新加坡元计的实际年均回报率为4.5%，而以美元计的名义年均回报率则达到7.8%。

淡马锡控股是另外一家介入新加坡外汇储备积极管理的企业。淡马锡控股原本负责对新加坡国有企业进行控股管理，从20世纪90年代开始，淡马锡控股利用外汇储备投资于国际金融和高科技产业，至今公司资产市值达到1 003亿新元。淡马锡控股的投资特点是：第一，关注亚洲经济，特别是选择有成长潜力的产业，如金融服务业和公共基础设施；第二，投资能够使消费者需求迅速成长的杠杆行业，如电信和媒体；第三，投资有比较优势，有特色、高技术密集并且有竞争优势的行业，如医药和生物科技；第四，投资一些区域的领头羊企业，因为这样的企业会有更大的增长潜力以满足本区域市场以外的需求。由此可见，淡马锡控股主要投资实业资产，投资领域包括电信、能源、金融服务业、交通、基础设施和生物医药等。其主要职能是对本国战略性产业及国外相关产业实施战略性股权投资的同时，提升新加坡企业的盈利水平和长期竞争力。在我国，淡马锡控股的投资也不菲，先后出资购买民生银行、建设银行和中国银行的股份。该公司掌控了包括新加坡电信、新加坡航空、星展银行、新加坡地铁、新加坡港口等几乎所有新加坡重要企业。除新加坡外，该公司也把亚洲市场和发达国家市场视为投资目标，并于近年加大了对中国市场的投资。

就外汇储备积极管理而言，发挥主导作用的为新加坡财政部。GIC 与淡马锡控股所管理的不仅仅是新加坡的外汇储备，也包括了新加坡历年累积的财政储备(主要由 GIC 管理)。GIC 和淡马锡控股都为新加坡财政部全资拥有。

图 6-1 是新加坡的外汇储备管理体系结构图。

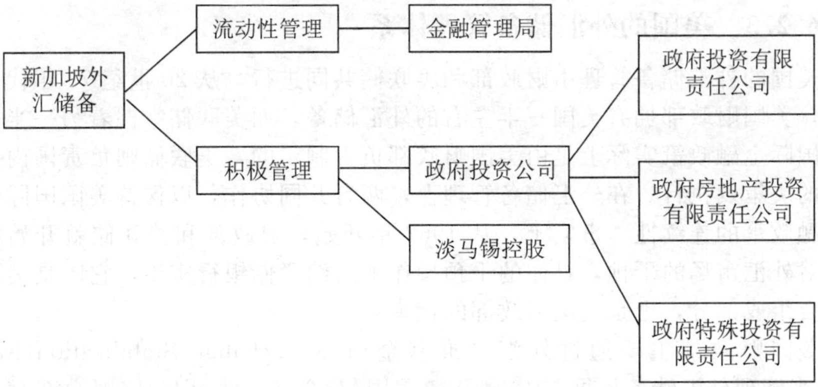

图 6-1　新加坡的外汇储备管理体系结构图

6.2.2　韩国的外汇储备管理体系

韩国的外汇储备由韩国银行和财政部下属外汇平准基金(Foreign Exchange Equalization Fund，FEEF)共同持有。韩国财政部负责制定总体的外汇储备管理政策，其下属的 FEEF 成立于 1967 年，根据《外汇交易法》和《预算决算法》的规定，FEEF 要用于维持汇率的稳定，并且委托韩国银行进行管理。韩国财政部决定投资指导意见和基准，包括资产的货币结构以及投资的品种，制订每年的管理计划。韩国银行再根据此计划制订更加详细的管理计划。

韩国银行在管理外汇储备方面扮演着重要角色。从 1997 年开始，韩国银行将储备资产分为流动部分、投资部分、信托部分三个部分来管理，对不同的部分设定不同的投资基准。流动部分由美元存款和短期美国国库券组成，每季度根据储备现金流来决定合适的规模，追求高度流动性的目标。投资部分投资于中长期、固定收入的资产，追求收益率的目标。资产的货币构成主要取决于政府和韩国银行的外债货币结构、当前国际支付的主要货币结构以及全球主权债市场的规模，其他中央银行的货币结构也作为参考。信托部分由国际知名的资产管理公司进行管理，在提高收益率的同时，向其学习先进的投资知识。

韩国认为适度的外汇储备规模大致在 1 700 亿～2 000 亿美元之间，所以在外汇储备刚刚跨过 2 000 亿美元大关的时候，韩国效仿新加坡投资公司模式，于 2005 年 7 月 1 日设立了对富余外汇储备进行积极管理的机构韩国政府投资管理公司(Korea Investment Corporation，KIC)，开始着手对外汇储备进行管理。KIC 现被确定的外汇储备管理规模为 200 亿美元，其中 170 亿美元来自韩国央行外汇储备，30 亿美元来自韩国财政部的外汇平准基金。KIC 现在的投资以债券为主，但投资于股票的比例也在 30%～40%。在制衡机制方面，韩国设立了由韩国财长、央行行长在内的 12 人组成的委员会，负责对 KIC 的监管。

6.2.3 美国的外汇储备管理体系

美国的外汇储备管理由财政部和美联储共同进行，从 20 世纪 70 年代后期开始，美国财政部拥有美国一半左右的外汇储备，而美联储掌握着另一半。美国的国际金融政策实际上是由美国财政部负责制定的，美联储则负责国内货币政策的决策及执行。在外汇储备管理上，两者共同协作，以保持美国国际货币和金融政策的连续性。事实上，从 1962 年开始，财政部和美联储就开始相互协调对外汇市场的干预，具体的干预操作由纽约联储银行实施，它既是美联储的重要组成部分，也是美国财政部的代理人。

美国财政部主要通过外汇平准基金(the Exchange Stabilization Fund，ESF)来管理外汇储备。早在 1934 年，美国《黄金储备法》即规定财政部对 ESF 的资产有完全的支配权。目前 ESF 由三种资产构成，包括美元资产、外汇资产和特别提款权，其中外汇部分由纽约联储银行代理，主要用于在纽约外汇市场上投资于外国中央银行的存款和政府债券。ESF 所有的操作都要经过美国财政部的许可，因为财政部负责制定和完善美国的国际货币和国际金融政策，包括外汇市场的干预政策。此外，美国《外汇稳定基金法》要求财政部每年向总统和国会就有关 ESF 的操作做报告，其中还包括财政部审计署对 ESF 的审计报告。

美联储主要通过联邦公开市场委员会(Federal Open Market Committee，FOMC)来管理外汇储备，并与美国财政部保持密切的合作。其管理过程是：①美联储通过纽约联储银行的联储公开市场账户经理(the Manager of the System Open Market Account)作为美国财政部和 FOMC 的代理人，主要在纽约外汇市场上进行外汇储备的交易；②美联储对外汇市场的干预操作的范围和方式随着国际货币体系的变化而变化。这可以分为三个阶段：第一阶段是布雷顿森林体系时期，美联储更多的是关注黄金市场上美元能否维持平价，而不是外汇市场；第二阶段是 1971 年之后，浮动汇率制度开始形成，美联储开始积极干预外汇市场，当时的主要手段是和其他国家央行的货币互换的方式；第三阶段是 1985 年《广场协议》之后，美联储对外汇市场的干预很少使用货币互换，而是采取直接购买美元或外汇的方式进行。

6.2.4　日本的外汇储备管理体系

日本的外汇储备属于财务省，存放于日本银行的外汇资产特别账户。外汇资产特别账户大致由外汇资产和日元资产构成，其中的外汇资产就是日本政府的外汇储备。根据日本《外汇及对外贸易法》的规定，财务大臣为了维持日元汇率的稳定，可以对外汇市场采取必要的干预措施。根据《日本银行法》的规定，日本银行作为政府的银行，在财务大臣认为有必要采取行动干预外汇市场时，按照财务大臣的指示，进行实际的外汇干预操作。

日本财务省在外汇管理体系中扮演战略决策者的角色。关于维持日元汇率的稳定，对外汇市场的干预决策均由财务省做出。根据日本财务省 2005 年 4 月 4 日所提出的外汇管理指导意见，对外汇储备的管理主要遵循以下思路：①目标，以维持日元汇率稳定为目标，保障有足够流动性的外汇储备用于维持日元汇率的外汇买卖；②原则，在保持外汇资产的安全性和流动性的基础上，追求有可能的盈利，并有效消除金融外汇市场上的不良波动，有必要时与国外相关货币当局紧密合作；③构成，日本官方储备资产在使用方面相当保守，外汇资产主要由流动性强的国债、政府机构债券、国际金融机构债券、资产担保债券及在各国中央银行的存款、国内外信用等级高且偿还能力强的金融机构的存款构成；④风险管理，采取覆盖信用风险、市场风险和操作风险的全面风险管理体系。

日本银行在外汇管理体系中居于执行者的角色。一旦开始进行对外汇市场的干预，所需资金都从外汇资产特别账户划拨。当需要卖出外汇时，日本银行主要通过在外汇市场上出售外汇资产特别账户中的外汇资产来实现；当需要买进外汇时，所需要的日元资金主要通过发行政府短期证券来筹集。通过大量卖出日元、买进外汇的操作所积累起来的外汇资产又构成了日本的外汇储备。日本银行的外汇市场介入操作通常在东京外汇市场上进行，如有必要，日本银行也可向外国央行提出委托介入的请求。但介入所需金额、外汇对象、介入手段等都仍由财务大臣决定。日本银行主要通过金融市场局的外汇平衡操作担当，以及国际局的后援担当两个部门来实施外汇市场干预。其中外汇平衡担当负责外汇市场分析及决策建议，并经财务省批准；而后援担当则负责在财务省做出决定后，进行实际的外汇交易。

据报道，随着日本外汇储备余额再次回到 1 万亿美元，日本政府也有组建外汇管理基金的意向。希望通过设立该投资基金以提高回报，并应对人口老龄化。日本将跟随新加坡和北欧各国的脚步，更积极地进行外汇储备投资，从而获得更好的回报。

6.2.5 欧元区的外汇储备管理体系

欧洲中央银行和欧元区各成员国的中央银行都持有并管理外汇储备，而由欧洲中央银行(ECB)总负责，主要通过制定战略性投资决策来进行储备管理。

根据《欧洲中央银行系统法》的规定，各成员国中央银行向ECB转移的国际储备资产是由他们各自在欧洲中央银行的资本所占的份额决定的，其中15%以黄金的形式转移，85%以由美元和日元组成的外汇形式转移。欧洲中央银行可以要求成员国向其转移更多的外汇储备，用于补充减少的国际储备。

欧洲中央银行的外汇储备的管理体系主要分为两个层面：一是由欧洲中央银行的决策机构制定战略性的投资决策，投资决策主要涉及外汇储备的货币结构、利率的风险与回报之间的平衡、信用风险、流动性要求；二是各成员国中央银行依此采取一致行动，对欧洲中央银行的外汇储备进行管理。具体地说，ECB的管理委员会(the Governing Council)根据未来操作需要决定ECB外汇储备的投资决策，ECB告知各成员国中央银行后，各成员国中央银行通过相关的机构进行协同操作。

ECB为储备管理定义了四个关键的参数：一是对每种储备货币定义了两个级别的投资基准，即战略性的基准与策略性的基准。战略性的基准由ECB管理委员会制定，主要反映欧洲中央银行长期政策的需要以及对风险和回报的偏好；策略性的基准由ECB执行董事会(the Executive Board)制定，主要反映欧洲中央银行在当前市场情况下对中短期风险和回报的偏好。二是风险收益相对于投资基准的允许偏离程度，以及相关的纠偏措施。三是储备交易的操作机构与可投资的证券。四是对信用风险暴露的限制。ECB并不公布上述四方面的参数细节，以避免对金融市场产生不必要的影响。

欧元区各成员国央行主要通过实施和ECB储备战略一致的策略性投资，以及对自有储备独立决策来实施储备管理。根据《欧洲中央银行系统法》第31条的规定，如果各成员国中央银行在国际金融市场上的投资操作对于其汇率或国内流动性状况的影响有可能超过ECB指导原则所规定的范围时，这种交易要得到欧洲中央银行的许可，以保证ECB汇率政策和货币政策能够保持连续性。除此以外，各成员国中央银行在国际金融市场上的外汇投资操作或者为了履行其在BIS、IMF等国际组织中的义务所进行的操作，都不需要先得到ECB的许可。各成员国中央银行持有并自主管理它们没有转移给欧洲中央银行的国际储备。自从欧洲中央银行开始对外汇市场进行干预以来，各成员国的中央银行不必再制定有关外汇干预的目标，而只是制定执行策略。

表 6-1 是各国和地区外汇储备管理体系的特点比较。

表 6-1　各国和地区外汇储备管理体系的特点比较

国家	管理机构	管理目标
新加坡	新加坡金融管理局(MAS)、新加坡政府投资公司(GIC)、淡马锡控股(Temasek)	MAS 追求流动性；GIC 和淡马锡控股追求长期回报
韩国	韩国银行 韩国政府投资管理公司(KIC)	韩国银行追求流动性和收益性的平衡；KIC 追求长期回报
美国	财政部、美联储(决策机构) 纽约联储银行(具体操作机构)	流动性、安全性
日本	财务省(决策机构) 日本银行(具体操作机构)	中度流动性、安全性
欧元区	欧洲中央银行(ECB)(负总责) 欧元区各成员国的中央银行(协同操作)	追求流动性和收益性之间的平衡

6.3　中国外汇储备管理体系模式的选择

6.3.1　外汇储备管理体系的主要模式

通过第 6.2 节对各国外汇储备管理体系的比较，可以看出目前世界各国的外汇储备管理体系共有四种模式。第一种模式是财政部主导模式。财政部负责制定外汇储备的管理和运营战略，而中央银行仅负责外汇储备的具体管理。采用这种模式的典型国家是日本。第二种模式是中央银行主导模式。中央银行既负责制定外汇储备的管理和运营战略，也负责外汇储备的具体管理。采用这种模式的国家包括欧元区国家。第三种模式是财政部和中央银行共同主导模式。在该模式下，财政部和中央银行都持有部分外汇储备，并负责对各自的储备进行决策和管理。采用这种模式的代表国家是美国。第四种模式是中央银行和政府投资公司共同主导模式。在该模式下，由中央银行对流动性更强的短期外汇储备资产进行管理，由政府投资公司对收益性和风险性更强的中长期外汇储备资产进行管理。采用这种模式的国家包括新加坡、韩国等。第四种模式又被称为外汇储备积极管理模式。外汇储备积极管理的基本目标都是要获取较高的投资回报，以保证储备资产购买力的稳定，这与传统外汇储备管理的流动性、安全性目标存在本质不同。外汇储备的积极管理主要考虑资产的长期投资价值，对短期波动并不过分关注，但对投资组合的资产配置、货币构成、风险控制等都有很高的要求。

6.3.2 中国外汇储备管理体系模式的选择

一个国家会选择何种外汇储备管理模式，要考虑外汇储备资金来源途径、该国实施的汇率制度以及该国中央银行的职能等多方面因素。首先，从我国外汇储备资金来源看，我国外汇储备的累积在很大程度上是为了避免本国货币相对于美元升值，而在外汇市场上实施卖出本币买入美元的公开性市场操作所致，买入的美元成为中央银行的资产，而卖出的本币则成为中央银行的负债。其次，从我国实施的汇率制度看，我国实行的是有管理的浮动汇率制，中央银行需要持有一定数量的外汇储备来应对本币汇率突破浮动区间的干预。再次，从我国中央银行的职能看，与很多发达国家中央银行职能不同，发达国家中央银行仅仅负责货币政策的制定。而我国中央银行除制定货币政策外，往往还负责对商业银行、证券公司、保险公司等金融机构的监管，更要负责在外汇市场上进行干预以维持本币稳定，中央银行无论是出于监管救助需要还是出于冲销需要，都有持有并管理外汇储备的动机。因此在2007年中投公司成立之前，我国外汇储备管理体系属于第二种模式，即中央银行主导模式。是由央行通过国家外汇管理局，依据《中央银行法》进行储备管理，实际上是由央行独立进行战略和操作层面的决策，财政部在储备管理体系中没有发挥主导作用，也没有成立专门的政府投资公司进行外汇储备的积极管理。这种模式在实际运作中存在以下的缺陷。

第一，将外汇储备的流动性管理和积极管理交给同一机构来执行，可能发生两种投资理念和策略的冲突。国家外汇管理局的人员在外汇储备流动性方面虽然颇具经验，但是，在外汇储备积极管理方面的经验可能缺乏。由于储备资产积极管理和流动性管理在操作技巧和策略上完全不同，如果央行或者外汇管理局既承担积极管理外汇储备的任务，同时又肩负大量的普通投资和战略投资职能，无疑是非常艰巨的任务。因此，需要寻找新的管理模式，建立多元化的外汇资产持有机构。

第二，央行的货币政策日益严重地受到汇率政策的牵掣，往往难以取舍，为中央银行控制货币发行带来极大压力，大大压缩了货币政策的操作空间。随着外汇储备持续增长，人民币升值压力不断加大，为了缓解升值压力，央行购进了大量的外汇储备，从而导致外汇占款过多，使得货币供给增加，通货膨胀压力增大；为了减轻通货膨胀压力，中央银行不得不通过增发短期票据，“对冲”外汇储备增加导致的本币增发。由于央行发行的票据要支付利息，且票据利率高于美元资产投资回报率，经济成本相当高。除了通过增发短期票据进行对冲外，央行还不得不相应减少发放再贷款，这使央行货币政策操作空间受到挤压。

第三，外汇储备的累积已经造成央行资产负债表的错配。外汇储备作为央行的资产是以外币计值的，央行票据作为央行的负债是以人民币计值的。在2005 年年末，央行资产中接近 60%是外币资产，负债几乎全部为本币负债；预计在 2010 年年末，央行资产中 80%是外币资产，负债仍然几乎全部为本币负债①。在央行资产负债存在货币错配的情况下，一旦发生外币大幅度贬值，那么极可能出现清偿危机。因此，分流一部分外汇储备用于积极管理，不失为一个比较好的方法。

通过第 6.2 节对世界各国外汇储备管理体系的分析可以看出，在外汇储备管理过程中收益较高的国家，大多会划定一个合理的外汇储备界限，界限以内的部分由货币当局进行保守型管理，主要追求安全性和流动性，超出部分才交由政府投资公司去进行积极管理，新加坡、韩国均是如此。我国正是借鉴了上述国家的经验，于 2007 年 9 月 27 日成立了中国投资有限责任公司，由其对外汇储备进行积极管理；而由外管局负责对外汇储备进行流动性管理。

这种管理模式的好处有以下四点：第一，可以将超额外汇储备从中央银行的资产负债表中转出，缓解央行持有巨额储备的压力，扩大央行货币政策的操作空间；第二，可以将外汇储备的积极管理职能和流动性管理职能彻底分开，从而彰显外汇储备积极管理的独立性，有益于提高积极管理的收益性；第三，政府投资公司作为一家市场化的企业，可以在国际市场上聘请高素质的专业人才，提高投资管理水平；第四，把储备运用与支持国家整体发展战略结合起来，有助于加快推进和谐社会的建设、提高国民福利。

但是，在实际的管理过程中这种模式也存在一些问题，在下一节中将介绍中投公司面临的问题和解决的对策。

6.4　中国外汇储备积极管理的新模式——主权财富基金与中投公司

近年来，受益于国际油价飙升和国际贸易扩张的急剧增加，主权财富基金获得了飞速发展。尤其当俄罗斯、中国等发展中大国涉足该领域时，引发了全球范围内的热烈关注。2007 年 9 月 27 日成立的中国投资有限责任公司(China Investment Corporation，CIC，中投公司)被认为是中国主权财富基金的主要形式。中投公司是中国政府开展外汇储备积极管理迈出的重要一步，但目前在运作模式、透明度、投资策略、投资方向和与外管局的关系方面均存在一定的不足或不确定性，从而影响了外汇储备积极管理的效益。下面将围绕主权财富基金的形成与发展、国际社会对主权财富基金的态度进行分析，对中投公司的完

① 何帆，张明．谁来管理中国的外汇储备[N]. 21 世纪经济报，2007-02-03.

善提出建议。

6.4.1 主权财富基金的形成与发展

主权财富(Sovereign Wealth)是指一国政府通过特定税收与预算分配、可再生自然资源收入和国际收支盈余等方式积累形成的，由政府控制与支配的，通常以外币形式持有的公共财富。主权财富基金(Sovereign Wealth Funds，SWFs)则是持有这种公共财富的机构投资者。近年来，主权财富基金对外投资成为国际金融界一道独特而亮丽的风景，深深地影响着全球金融系统的现在和未来。

SWFs 的设立可以追溯到 1956 年。位于密克罗尼西亚的吉尔伯特群岛上，有着可以作为优质硝酸盐化肥的鸟粪资源，当地的基里巴斯政府对出口鸟粪强制征税，并用这些税金收入组建了一个基金，如今该岛的鸟粪早已耗尽，但这些逐步积累的基金已经发展增值到 52 亿美元，相当于基里巴斯这个小岛国 GDP 的 9 倍。在第一次石油危机之后，中东产油国很快意识到本国狭窄的金融市场不足以充分利用巨额的石油美元收入，同时也担心石油资源逐渐耗尽后子孙后代的未来，因此纷纷开始组建各种 SWFs。主权财富基金的发展经历了两个高潮，第一个高潮是在 20 世纪 70 年代，以新加坡成立的淡马锡公司(Temasek Holdings)为代表，第二个高潮是在 20 世纪 90 年代，以挪威政府养老基金(The Government Pension Fund of Norway，GPFN)为代表。近年来，外汇储备持续增长给东亚经济体国家带来了内外部压力，成立主权财富基金成为亚经济体国家的共同选择。韩国政府于 2005 年 7 月成立了国家投资公司(KIC)，负责管理超额外汇；我国于 2007 年 9 月成立的中国投资有限责任公司负责管理2 000亿美元的外汇储备；日本政府也有组建外汇管理基金的意向。

近年来，主权财富发展速度非常快，主权财富基金呈现出新的发展趋势和特点。

首先，主权财富基金规模呈现较快增长趋势。IMF 首席经济学家 Simon Johnson 估计目前全球主权财富基金的总规模已达到 2.5 万亿美元。而《对冲基金情报》(*Hedge Fund Intelligence*)在今年第一季度评估的全球对冲基金的总规模，也仅为 2.08 万亿美元。因此这些主权财富基金的规模比对冲基金还要庞大。摩根士丹利估计，到 2015 年，主权财富基金的总规模还会增加到 12 万亿美元。在目前全球的 SWFs 之中，阿联酋(ADIA)、挪威(GPFN)、新加坡(GIC)、科威特(KIA)、中国(CIC)分别以 6 250 亿、3 220 亿、2 150 亿、2 130 亿、2 000亿美元的规模列全球前五名。全球前十大主权财富基金如表 6-2 所示。

其次，设立主权财富基金的国家增多。据国际货币基金组织统计，目前已正式设立主权财富基金的国家或地区共 36 个。其中，截至 2007 年 7 月资产规模超过 100 亿美元的共 13 个，2004 年以后设立的主权财富基金有 6 个，分别为俄罗斯、澳大利亚、韩国、智利、中国和卡塔尔。主权财富基金积累较多的国家，其资金来源主要分为三类。第一类是来自自然资源出口的外汇盈余，主要是针对石油、天然气、铜和钻石等出口、收入组建基金，其中以能源类型的SWFs为最常见。这些国家之所以利用贸易盈余组建SWFs，一是由于国内金融体系无法吸纳巨额的石油美元收入，例如中东产油国；二是创立平准基金，避免能源出口收入的大起大落对宏观经济造成负面影响，例如俄罗斯等国家。第二类是来自外汇储备盈余，主要包括新加坡、中国、韩国、马来西亚、中国台湾等国家或地区创建的基金。第三类是政府为追求公共基金的更高收益而组建的基金，其中以挪威的政府养老基金为代表。

表 6-2　全球前十大主权财富基金

国家	基金名称	成立日期（年）	规模（亿美元）	占该国 2006 年 GDP 的百分比
阿布扎比（阿联酋）	ADIA	1976	6 250	520.7%
挪威	GPFN	1990	3 220	102.6%
新加坡	GIC	1981	2 150	169.0%
科威特	Kuwait Investment Authority	1953	2 130	268.7%
中国	China Investment Corporation	2007	2 000	8.0%
俄罗斯	Stabilization Fund	2004	1 275	14.2%
新加坡	Temasek	1974	1 080	84.9%
卡塔尔	Qatar Investment Authority	2005	600	185.3%
阿拉斯加	Permanent Reserve Fund	1976	402	0.3%
文莱	Brunei Investment Authority	1983	300	309.4%

资料来源：Gerard Lyons. State Capitalism: The Rise of Sovereign Wealth Fund [J]. Journal of Management Research，2007，7(3).

再次，主权财富基金的设立动机主要包括以下四方面：一是追求国家外汇收入的中长期稳健增长，降低其短期波动对本国经济的影响，即稳定型主权财富基金；二是帮助中央银行分流外汇储备，缩小中央银行为应对外汇流动性过剩，不得不在外汇市场上进行冲销操作的规模，这些类型的基金被称为冲销型主权财富基金；三是积蓄当代财富，为子孙谋福。这类SWFs被称为储蓄型主权财富基金；四是在全球范围内优化配置资源，追求实现本国经济和社会发展的战略目标，这些基金被称为战略型主权财富基金。

最后，主权财富基金在灵活性和多元化方面表现出一定优势。各国对主权财富基金的管理没有统一模式，有的设立独立于财政部和中央银行的专业投资机构。但主权财富基金大都采取专业化、市场化的运作手段，可在全球范围内配置资产，流动性压力较小，投资限制较少。主权财富基金的投资期限较大，侧重长期性、战略性投资，有利于降低金融市场的短期波动性和流动性风险。作为国际金融市场新兴的机构投资者，主权财富基金无疑将成为金融市场资金供应的重要渠道，推动各类资产交易规模和流动性，加快全球资产分配格局的调整，提高资源配置效率。

6.4.2 中投公司成立的背景

2007 年 9 月 27 日成立的中国投资有限责任公司被认为是中国主权财富基金的主要形式。2007 年 6 月 29 日，十届全国人大常委会第 28 次会议审议通过财政部发行 1.55 万亿元特别国债购买 2 000 亿美元外汇储备，以此作为中投公司的资本金来源。以中国农业银行为中间机构，实现 1.55 万亿元特别国债和央行外汇资产之间的置换。中投公司是依据《公司法》设立的国有独资公司，直属国务院。中投公司当前所从事的外汇投资业务以境外金融组合产品为主。公司实行政企分开、自主经营、商业化运作，在可接受的风险范围内，实现长期投资收益最大化。

建立中投公司是中国进行积极外汇储备管理的尝试。其成立的宏观背景是，国际收支持续双顺差及中国人民银行为保持人民币对美元汇率相对稳定的公开市场操作，共同导致了中国外汇储备飙升。持有过多外汇储备的效率损失、汇率风险及所导致的流动性过剩和资产价格泡沫，使提高储备资产的收益率成为当务之急。

应当看到，我国政府已逐渐意识到过多外汇储备带来的负面影响，并希望通过制度变革来解决本质问题。从 2007 年年初全国金融工作会议开始，我国政府已明确提出要积极探索和拓展外汇储备的使用渠道和方式，并筹建国家外汇投资公司以实现外汇储备管理方式的根本转变。成立中投公司，是势在必行、水到渠成的制度创新。

中投公司的设立将对国内货币经济产生重大影响，具体表现为以下三个方面。

第一，作为货币经济领域重要的制度安排，设立中投公司实质上是将央行所执行的外汇储备投资运用的经营职能以及冲销外汇占款的货币政策职能从央行分离出来。通过设置中投公司，央行对外汇储备的运用将主要是进行外汇市场干预，根据需要保持适量规模。中投公司作为外汇储备的投资运营机构，将负责外汇资产的收益性。中投公司设立后，在财政部主导下通过发行债券筹集资金来收购央行的外汇储备，实质上是部分取代了央行的公开市场操作，从而逐步减少了央行由于外汇储备增加而带来的基础货币的被动发行，为中央银行自主性的货币政策操作提供了足够的空间。

第二，中投公司设立后，因其采取多元化的投资政策，能够提高外汇储备的投资回报率，有利于改善资源配置。过去我国的外汇储备投资渠道单一，主要投资于美元债券，在投资目标上过于重视安全性和流动性，而忽视盈利性。随着中投公司的设立，外汇投资渠道和方式将被积极拓宽，除债券以外，股票、货币市场工具以及房地产等都可能成为新的投资领域。在资产组合的地域分布上，也可能不再局限于美国市场，欧洲、日本等资本市场都可能成为新的投资对象。投资领域的扩展，不仅有利于改善外汇储备投资的盈利状况，而且更为分散化的投资组合也更有利于控制并降低投资组合的风险，从而有效地改善资源配置。

第三，中投公司设立后，对外汇储备资产组合的调整会对美元及人民币汇率产生重大影响，会加剧美元的贬值压力，增加人民币进一步升值的预期。由于我国外汇储备资产组合中，美国债券占据主要比重，中投公司的建立及其随后对外汇资产投资组合的积极调整，将直接导致未来外汇储备资产组合中非美元资产比重的逐步增加，以及对美元债市新增投资的逐步缩减。尽管我国对外汇储备资产组合的调整是缓慢的，但这一变化势必会影响中国在全球市场上的投资结构，并对美元和人民币的汇率走势产生直接影响。从 2005 年 7 月我国人民币汇率制度调整之后，美元兑人民币汇率一直呈下降趋势。中投公司设立后，会进一步加剧美元的贬值压力，增加人民币的升值预期。

6.4.3　主权财富基金与中投公司面临的问题与解决对策

我国主权财富基金成立不久，就爆发了全球性的金融危机。当前中投公司正面临着国际金融风暴及国际政治干预等诸多方面的挑战。

1. 国际政治障碍与商业化、市场运作问题

尽管主权财富基金由来已久，而且已经成为国际金融市场上一个日益活跃和重要的参与者，但是就在中国主权财富基金——中投公司即将成立之际，一些西方发达国家和国际组织却对新的主权基金感到疑虑。许多国家对日益盛行的 SWFs 表示了担忧以及对建立相关国际监管准则的期望。客观上讲，SWFs 成为各国关注的焦点也就是近两年才开始的。1997 年亚洲金融危机之后，各国都认为应该对庞大的对冲基金加强监管，以维护国际金融秩序。然而，2007 年以来，SWFs 似乎替代了对冲基金，成为西方国家最为担心的因素。近期无论是在 IMF 会议、G7 会议，还是美国和某些欧洲国家的内部会议中，强化 SWFs 监管都成为热议的话题。欧美市场人士或政府关于主权财富基金可能会在某个时候破坏市场稳定的忧虑也在不断升温。一个重要的原因是，一些人担心这些基金可能会以政治目的为出发点做出投资决策，并将被别国视为关乎国家安全的企业作为投资目标。

因此，在欧美发达国家，有一股反主权财富基金的浪潮，一些国家的金融保护主义有所抬头，它们打着“金融威胁论”的旗号，开始对主权财富基金实行种种限制。首当其冲的自然是处于霸权地位的美国。从美国的公开反应看，它更多地是将主权财富基金看成一种挑战。美国认为，SWFs是由主权国家而非市场力量控制的，投资什么领域，选取什么时机进行投资都由国家控制的政府投资公司或者国家本身直接决定。而国家控制的基金不会是纯粹商业性的，有时候会出于政治和战略考虑而调动资金。这种情况当然不是美国所乐见的。而且，SWFs所表现出的外汇投资多元化趋势，也有损美国经济的可持续发展。美国的财政赤字和国际收支赤字一直是近几十年来可能影响美国宏观经济稳定的重大因素。由此造成的资本缺口，美国主要通过发行国债的方式加以弥补。外国政府的外汇储备购买美国国债对其经济的可持续发展起到了非常重要的作用。不过，购买美国国债从经济收益而言，并不划算，其实际收益率甚至为负数。而提高储备资产的收益率，恰恰是各国纷纷建立SWFs的最主要原因。这意味着SWFs很可能停止购买或者减持美国国债，如此一来将打断美国已经习惯的借款模式，甚至导致无款可借的困窘局面出现。另外，美国还担心，各国通过SWFs进行外汇投资多元化的尝试，将使得外国不愿再持有美国的资产和债权，一旦此种情况普遍性地出现，将直接导致美元汇率的大幅度贬值，降低美元作为一种国际储备资产的吸引力，从而危及美元的国际地位。正是基于上述可能对美国不利的预期，美国政府最近频繁要求国际货币基金组织对SWFs加强监管。美国财政部也利用各种场合，强调SWFs的破坏性和风险性。一方面，欧美发达国家要求其他国家对自己开放经济，开放市场；而另一方面，当这些新兴市场国家发展起来后要叩开欧美发达国家的金融市场大门时却遇到了金融保护主义，这是对欧美发达国家所倡导和鼓吹的“金融自由”的绝妙讽刺，是欧美国家实行双重标准的又一表现，是不符合国际法对等原则的。

面对来自国际上的种种压力，中投公司只有坚持商业化、市场化的原则运作，才能消除欧美发达国家的猜疑，避免政治风险。而所谓的遵循商业化、市场化的运作模式，就是指主权财富基金要实行所有权和经营权分离，按照现代公司制的要求组建，政府除了履行投资职能之外，不应干预主权财富基金的具体事务。为确保专业化与市场化，主权财富基金需要在公司章程中明确公司及其董事会与股东(国家)的关系，与本国央行和财政部的关系，与金融监管当局的关系，与政府其他部门的关系，以及与旗下投资对象之间的关系。任何含糊不清的关系界定，都将会导致各方面对于外汇投资公司的不必要干预，从而影响其商业化与市场化运作。坚持市场化、商业化规则来进行运作，还体现在吸引在全球资产管理方面具有丰富经验的专业人才进行管理、尝试由某些国际知名投行代理部分投资业务等，从而避免境外不必要的担心；在进入发达国家战略性行业谋求股权投资时，以资本回报率最大化为目标，不一定要追求直接或间接控股，以缓解东道国的抵触情绪。

2. 透明度与信息披露问题

发达国家对主权财富基金批评的主要目标就是缺少透明度。发达国家认为，不清楚主权财富基金的内部运行机制和制衡机制，不清楚其投资策略或者商业目标，也很难判断其行为。上述问题就有可能给国际金融市场带来不稳定。按照 Loyons(2007)对各国主权财富基金的分类，中投公司被界定为透明度低、实施战略性投资的主权基金①。

在所有主权财富基金中，挪威政府养老基金(GPFN)是保持透明度较高的一个。欧盟轮值主席在 2008 年 2 月 25 日的声明中称，挪威主权财富基金是所有主权财富资金的"典范"和"黄金标准"。挪威央行每年都发布极为详细的基金运作报告。报告内容包括基金所投资的国外公司的详细清单以及基金是如何管理的。报告提供了以下一些数据：标尺收益率、基金的总收益率、超额回报的来源和基金管理费用。年度报告还包括了聘用外部经理的程序、专家对该基金投资理念的阐述和选择等。每季度央行向财政部递交关于基金收益和费用的报告。一家财政部雇用的独立公司还根据挪威央行提供的数据进行标尺收益和基金收益之间差异的分解分析。该公司的分析报告和挪威央行的报告都公开在互联网上。挪威政府养老基金由挪威总审计署进行审计，总审计署由挪威议会任命并向议会汇报基金运作情况，以保证议会对基金的控制。挪威央行所管理的 GPFN 的透明度之所以让西方国家满意，原因还有三条：一是不谋求控股地位；二是不涉及私募股权投资，主要在公开市场上进行投资；三是适时公布于众投资组合的变化。这些做法既较好地回避了政治风险，又达到了商业目的。事实上，主权财富基金"树大招风"，很难在市场上维持私密性与匿名性。因此，从争取国际社会理解的角度而言，主权财富基金必须主动加强信息披露，保持较高透明度。因而可行的措施是，主权财富基金应每年报告其资产组成和投资策略，披露其投资理念，风险管理技巧，公司治理程序以及所属国家的金融监管体制等，同时要将投资限制在没有投票权的小额参股上，避免直接控制或并购外国公司，如果有可能最好接受独立审计机构的审计。

作为一家国家投资机构，中投公司的投资行为必须具有一定的透明度，这是保证国人知情权的需要，也是接受国人监督的需要。但信息披露必须严格按制度行事。该披露的信息要及时地予以披露，而对涉及投资机密的信息一定要做好保密工作。否则，市场一旦获知某主权财富基金有意投资某资产或证券，该资产的价格就可能会成倍上涨，从而增加主权财富基金的投资成本。总之，中投公司作为中国的国家主权财富基金，应在不违背商业利益的前提下，逐渐

① Gerard Lyons. State Capitalism：The Rise of Sovereign Wealth Fund [J]. Journal of Management Research，2007，7(3).

提高投资透明度。具体实施时，对于信息披露应区别对待。例如，关于公司治理结构以及一级市场投资，没有必要也不能保守秘密，因此可以考虑完全透明化；而对于公司在二级市场上的投资组合，对外披露风险很大，按照行业惯例在投资过程上应该保密，可以在交易已产生结果的时候再进行事后披露。中投公司应明确提出透明度问题不应是单边要求，我们不应被动地接受他国提出的透明度的要求。为保证我们的平等权利，中投公司应积极参与到当前主权财富基金国际行为准则的制度中去，为自己争取平等的环境。

3. 投资策略问题

中投公司董事长楼继伟在挂牌仪式上表示，“中投公司将以境外的金融组合产品为主，实现外汇资产的长期收益最大化，同时继续向国内金融机构注资，依法履行出资人代表职责。”他进一步表示，“中投公司的宗旨有两点：一是在可接受的风险范围之内获得合理的长期收益；二是改善所控股金融机构的公司治理。”楼继伟的上述表态，反映了中投公司将执行混合型投资策略，其中，“境外金融组合产品”投资属于组合投资策略，而“对国内金融机构注资”和“改善所控股金融机构的公司治理”则属于战略投资策略。组合投资是指投资股权比例通常在5%～10%，持股目的是为了获取红利和股票溢价收入，而不是为了控制目标企业。战略投资是指投资股权比例通常在10%以上，持股目的是为了相对或绝对控制目标企业。

中投公司的先天架构决定了中投公司的混合型投资策略。汇金公司负责对国有商业银行注资并取得控股权，汇金旗下的建银负责对问题券商的注资和改造，以上两种投资属于典型的战略投资，因为肩负着中国政府进行商业银行改革和券商改革的政策性任务。而中投的海外投资子公司或事业部将负责进行海外金融资产组合投资。中投公司同时肩负着海外市场化投资和国内政策性投资两种角色。在海外东道国看来，由于中投公司在国内承担着政策性投资任务，这自然充满了浓厚的政治色彩。因此，中投公司的海外投资遭到发达东道国的抵制并不令人意外。新加坡政府在这方面遇到的抵制就较少，为我们提供了可借鉴的范例。新加坡有两家主权财富基金，其中淡马锡控股主要负责国内外的战略性投资，GIC主要负责海外金融产品的组合投资，尽管业务有所交叉，但投资类型上具有鲜明差异。在这种分工背景下，GIC被认为是一家基本市场化的基金，在发达国家开展投资业务时受到的抵制相对较少。

因此，如果中投公司和汇金公司能够形成两个平行的实体，而不是像现在这样由中投公司将汇金公司合并进来，汇金公司负责国内公司海外战略性投资，中投公司负责海外金融产品组合投资的话，这种平行分工构架将更容易让东道国相信中投公司的投资行为是纯粹的市场化行为，那么中投公司在海外投资面临的阻力将会明显降低。毕竟，东道国政府和企业更容易预期单一投资策略的基金的投资行为，而且组合投资对东道国战略性行业的控制力不强。

4. 投资风险与多元化投资组合问题

中投公司在国际著名咨询公司的帮助下，目前已设计出包括传统资产和另类资产共 7 大类 16 小类的战略资产配置方案。中投公司首批可以进行海外投资的资金规模在 600 亿～700 亿美元。但是中投公司的投资之路，并未如人们所期望的那样顺水顺风，相反起航便遭遇风浪。中投公司成立时，正值美国次贷危机爆发的时期。中投公司成立后的一年，在一波又一波的次贷冲击中，导致中投公司投资的股权不断缩水。中投的第一笔投资在 2007 年 5 月，用 30 亿美元购买美国黑石集团 9.99%无投票权的股权单位，当时黑石股价为 29.605 美元/股。截至 2008 年 9 月 18 日，黑石股价为 25.19 美元/股，跌幅为 14.9%。投资黑石集团，中投账面浮亏 4.47 亿美元。

2007 年 11 月，中投公司进行了第二笔投资，1 亿美元认购中铁 H 股。截至 2008 年 9 月 18 日，中国中铁 H 股收于 3.53 港元，与发行价 5.78 港元相比，下跌 38.93%，意味着中投公司 1 亿美元已经亏损掉近 40%。账面浮亏约 4 000 万美元。

2007 年 12 月，中投公司进行了第三笔投资，购买约 50 亿美元摩根士丹利公司发行的一种到期后须转为普通股的可转换股权单位。根据协议，这种可转换股权按照年息 9%按季支付利息，单位期限两年七个月，到期后转换成摩根士丹利公司上市交易的股票，转换价格最高不超过参考价格的 120%。股权单位全部转换后中投公司持有摩根士丹利公司的股份将不超过 9.9%。截至 2008 年 9 月 18 日，摩根士丹利收盘价格为 22.55 美元，而当时的收购价格超过 60 美元/股。中投公司在大摩身上的投资，账面浮亏已约 38 亿美元。

以 2008 年 9 月 18 日外汇牌价 1 美元兑换人民币 6.8201 元计算，中投公司投资黑石、大摩和中铁 H 股的账面浮亏总计 42.87 亿美元(约合人民币 292 亿元)。

除了面临着对外投资的购买力风险、利率风险、汇率风险、经济环境风险以及政治风险外，中投公司的海外投资还面临着显著的盈利压力。财政部发行特别国债为中投公司筹资的成本是由中投公司自身承担的，融资发行债券的年利率为 4.5%，当前预期人民币对美元每年升值 8%，那意味着中投公司需要大约 13%的年回报率，扣除费用和开支，以人民币计算才能刚好收支相抵，因而中投公司面临着相当大的压力。

面对巨大的投资风险，中投公司应坚持审慎原则，建立一套严格的风险管理体系，在基金内部设立专门的风险控制部门，负责制定内容风险管理政策与严格的风险评估程序，并实施投资过程的风险监控。在具体的投资选择中，中投公司应以“分散风险、资产增值”为主要目的，积极构建全球多元化的资产组合，以规避风险。据了解，国际大型先进投资基金目前普遍采取高度分散化、多元化资产配置模式，这样有利于最大程度地分散风险和提高收益。多元化组合投资应体现在两个方面：一是对不同风险、收益和流动性特征的投资工具的投资组合，这意味着既要投资收益回报相对不高的股票类和固定收益类资产，也要对收益较大但风险较高的私募股权、对冲基金和房地产等另类资产进行一定比例的投资；二是对海内外不同投资地域和行业的投资。这意味着中投公司不仅仅只投资于发达国家市场，而应该实现在全球范围内构建多元化的资产组合。这样才能够最有效地规避风险，获得平稳而满意的回报。作为“新生”，中投公司一开始就进入欧美市场，很难获得很高收益，美国金融危机部分颠覆了美国金融体系运行模式，因此中投公司不妨将目光转向其他领域，包括加大投入新兴市场。但由于新兴市场风险较高，中投对其投资不宜规模太大。

在海外金融产品组合投资方面，有三只主权财富基金值得中投公司借鉴：一是阿联酋的阿布扎比投资局(ADIA)，其资产配置为：50%～60%投资于股票；20%～25%投资于固定收益证券；5%～8%投资于房地产；5%～10%投资于私人股权；5%～10%投资于衍生品。二是挪威的政府养老基金(GPFN)，其资产组合为：债券 60%(其中 AAA 评级债券占一半以上)，股票 40%。资产配置大致反映挪威的进口结构，同时关注流动性强的美国市场。该基金对投资目标有一个伦理审核过程(Ethical Screening Process)，如果认为投资目标违反某种公认伦理标准的行为是不可接受的，那么就拒绝进行投资。该基金持有 3 500 家公司的股份，持股比例通常低于 1%。三是新加坡的 GIC，该基金在大约 40 个市场内进行投资，GIC 最大的投资市场在美洲，占到其投资组合的 40%；其次为欧洲占 35%；亚洲占 23%；大洋洲占 2%。在投资类别中，GIC 表示 44%为上市公司股票；26%为固定收益资产；23%为包括房地产和避险基金在内的另类投资项目；此外，GIC 还持有 7%的现金①。

总之，作为一家刚刚成立的国家投资公司，中投公司面临着学习如何应对国际金融市场的风云突变，熟练掌握国际市场资本运作技巧的难题。

5. 中投公司与外管局投资界限的划分问题

中投公司运营后，我国的外汇储备将分为两部分。一部分是由外汇管理局负责持有并管理，这一部分外汇资产主要功能是维护金融稳定，为货币政策和汇率政策的实施提供资产基础。另一部分则由中投公司持有，目的是进行投资增值。

外管局作为管理我国外汇资金的机构，一直以来我国外汇储备管理都由其来负责。在中投公司成立以前，随着我国大量外汇储备的积累，外管局的资金管理却仅限于投资美元债券等低风险资产。这种投资策略产生了巨大的机会成

① Gerard Lyons. State Capitalism: The Rise of Sovereign Wealth Fund [J]. Journal of Management Research, 2007, 7(3).

本和美元贬值使储备资产面临价值缩水的风险，使人们不断质疑外管局投资的能力和投资行为的合理性，呼唤专业外汇投资机构的建立，这种对于专业外汇投资机构的需求后来也成为中投公司成立的原因之一。

不过在中投公司成立之后，受金融危机的影响美元加速的贬值，外管局承受着不断恶化的汇率损失，因此外管局也并未放弃对高风险资产的追逐。最近，外管局对英、法两国的石油公司的股权进行投资，这种股权性投资可视为是寻求高收益率的行为。在已经建立起本国的主权财富基金——中投公司的背景之下，外管局的这种投资行为将会带来以下几个方面的风险。

首先是政治风险。外管局作为国家的政府机构，其投资国外公司，特别是投资涉及基础行业和敏感部门的投资时，难免引起对方国家的猜疑，进而阻挠投资活动的进行。如果此类投资受到对方国家阻挠，就会产生风险。

其次，外管局经营外汇资产所承担的仅仅是货币贬值的成本，而中投公司的负担要比外管局大，除了汇率损失之外还会因其资本金来源而承担利息成本。中投公司的成本压力使其在投资中对于收益率要求较高，而降低成本是一个重要的途径。与中投公司相比，外管局的投资就没有那么多的顾虑。虽然现在来看双方的投资并无交叉，但是轻装上阵的外管局在外汇投资中将会获得更多的优势，这将进一步压低中投公司的获利空间。

最后，中投公司显然比外管局更需要投资机会。中投公司不仅承担对外投资的职能，其子公司汇金公司还作为国内商业银行的大股东而存在。中投公司现有资金来源只能来自国债融资，国债融资的政治成本和经济成本相对较大。如果无法通过经营收益进行偿还，那么只能由国家财政埋单。因此从道理上，中投公司成立后，外管局已经剥离了投资增值的任务，由中投公司来主导我国主权投资更具合理性。

不过，此次外管局的投资行为也属当下无奈的选择。外管局多年的管理外汇的经验使其能够将投资目光放在目前潜力巨大的资源和能源行业上，而目前中投公司的投资集中于金融领域，美国的次级债危机之后，金融业遭遇寒冬，并不是一个投资的好时机。从这一点上看，外管局的投资更多的是对中投公司的互补而非竞争。

但从长远来看，划分彼此的投资界限将会在长期大大减少我国对外解释和对内协调的成本。中投公司必将代表中国进行主权财富投资，而外管局应尽快转型专注于低风险的外汇资产保值投资。

第7章 结论和展望

7.1 结论

本书通过理论和实证分析，得出以下结论和建议。

第一，巨额外汇储备已给我国经济带来了一系列负面影响。

充足的外汇储备有利于增强我国对外支付能力和调节国际收支的能力；提高了我国的国际资信力；也为人民币实现完全自由兑换创造了必要条件；特别是在国际金融危机时期，我国充足的外汇储备无疑对于应对危机增加了强大抵御能力。但是，我国外汇储备的急剧增长也引发了一系列的问题，比如，外汇储备的增加导致外汇占款形成的基础货币投放的增加，通过货币乘数的作用导致货币供应量的成倍增加，最终会促成通货膨胀率的提高；巨额外汇储备使中央银行货币政策的灵活性越来越低，从而制约了宏观金融调控效果；巨额外汇储备还增加了持有成本包括机会成本、借入储备的利息支付成本以及为减少储备增长带来基础货币的扩张而产生的冲销成本等。因此，对于不断增长的外汇储备应积极进行币种结构管理、资产结构管理和管理体系改革，以提高外汇储备的管理效益。

第二，外汇储备规模适度是实现外汇储备管理效益提升的前提条件。

要想提高外汇储备管理效益，首要问题就是确定出适度的储备规模。对适度储备部分和超额储备部分依不同的原则、分机构进行管理，才能提高外汇储备管理效益。本书认为，外汇储备的适度水平应该是在满足外汇储备基本需求和保持一国经济稳定增长的基础上，实现持有成本最小化(收益最大化)的一个均衡水平。其形式并非是一个理论上的固定值，而应该是一个随时间变化的、具有一定上下限的区间，在一个可容许区间内的众多数值。借鉴凯恩斯的货币需求理论，本书充分考虑了外汇储备的各方面需求，在凯恩斯把货币需求分为交易性需求、预防性需求和盈利性需求（或称为投机性动机）三个方面基础上，本书增加了对外汇储备的保证性需求。以因素分析法为基础来构建适合我国的外汇储备适度规模模型，并进行实证检验，测算出了我国外汇储备适度规模的具体区间。

第三，外汇储备币种结构合理是实现外汇储备管理效益提升的重要途径之一。

通过对国内外外汇储备币种结构进行分析发现，我国的外汇储备货币结构过于单一，美元占了其中绝大部分，而其他储备币种比重过低。因此本书以马柯维茨的资产组合理论为基础，同时结合海勒—奈特模型和杜利模型，在考虑外汇储备风险和收益的同时，综合考虑我国的贸易结构、外债结构、外商直接投资来源结构和汇率制度对我国外汇储备进行最优币种结构配置。最后得出比较合理的币种结构应该是美元占 50%左右、欧元占 20%左右、日元占 17%左右、英镑及其他货币占 15%左右。并对我国未来的币种结构调整提出适当降低美元比重、增加欧元比重和采取渐进的方式进行调整的建议。

第四，外汇储备资产配置高效化是实现外汇储备管理效益提升的又一重要途径。

长期以来，我国暂时闲置不用的外汇储备大都投资于美国的资本市场，购买美国高信用等级的政府债券、政府机构债券和公司债券等金融资产。当前持有美国国债应只是稳定市场的暂时之举，从长期来看，这种资产配置方式存在汇率风险、信用风险和流动性风险等，所以优化储备资产的配置成为当务之急。本书提出，要从金融资产和非金融资产两个角度对中国外汇储备的资产组合进行配置。对于金融类资产组合的优化配置，可以借鉴挪威外汇储备资产多层次管理的经验，针对不同需求动机建立不同投资组合。对满足交易性需求和预防性需求的外汇储备建立流动性组合；对满足盈利性需求、保证性需求以及超额外汇储备建立投资组合和发展组合。在保留必要金融类资产外汇储备规模的同时，要发挥其维持宏观经济稳定和创造较高收益的最大效应。可以考虑将外汇储备向三个非金融类资产方向转型：一是将部分外汇储备转化为黄金储备；二是将部分外汇储备转化为战略物资储备；三是将部分外汇储备转化为能够刺激经济增长的发展性储备。尤其在全球经济衰退加剧，各国经济增长速度下滑的背景下，将部分外汇储备转化为发展性储备来刺激本国经济发展、维持各项经济指标的稳定实现，是一项非常合理的举措。本书提出了利用外汇储备刺激本国经济发展的可能途径。

第五，外汇储备管理体系建设科学是实现外汇储备管理效益提升的重要保障。

面对巨额外汇储备，我国应该采取积极的外汇储备管理战略，以提高外汇储备资产的收益。外汇储备的积极管理主要考虑资产的长期投资价值，对短期波动并不过分关注，但对投资组合的资产配置、货币构成、风险控制等都有很高的要求。外汇储备积极管理的基本目标就是要获取较高的投资回报，以保证储备资产购买力的稳定，这与传统外汇储备管理的流动性、安全性目标存在本质不同。中投公司的成立标志着中国已经开始进行积极的储备管理。但目前中投公司在运作模式、透明度、投资策略、投资方向和与外管局的关系方面均存在一定的不足或不确定性，从而影响了外汇储备积极管理的效益。针对上述问题，本书建议：中投公司应该遵循市场化、商业化的模式运作；在不违背商业利益的前提下，逐渐提高投资透明度；由混合型投资策略转为单一型投资策略；在投资方向上以境外金融组合产品为主，开展多元化投资；尽快划分与外管局之间的投资界限，减少我国对外解释和对内协调的成本等。

总之，只有同时实现外汇储备规模的适度化、外汇储备币种结构的合理化、外汇储备资产配置的高效化和外汇储备管理体系建设科学化四个目标，我国外汇储备管理效益才能提高。

7.2 展望

外汇储备问题最终关系到中国在国际货币体系中的地位问题(陈雨露，张成思，2008)。因此，对外汇储备管理的研究，不能只停留在对外汇储备管理策略本身的探讨上，还要立足国家利益，站在国家战略管理的高度深入分析。要从根本上解决中国外汇储备所面临的难题，最终需要打破“金融帝国主义”，冲破人民币对美元的依附，有规划、有步骤地逐渐提升人民币在国际货币体系中的地位。

当前全球性金融危机的爆发，是国际货币体系和金融秩序深层次问题长期积累集中爆发的结果。必须致力于完善或建立新的国际货币体系和金融秩序。目前的国际货币体系是以美元为主导的货币体系，包括中国在内的大多数国家的储备资产配置都没有多少选择余地，多数外汇储备只能以美元资产为主。而当美国经济或美国金融市场出现较大问题时，美元也会相应发生较大波动。因此，创造一种与主权国家脱钩、并能保持币值长期稳定的国际储备货币，从而避免主权信用货币的内在缺陷，是国际货币体系改革的理想目标，即推动国际储备货币向着“币值稳定、供应有序、总量可调”的“超主权货币”方向完善。但是迄今为止，全球超越主权国家的货币只有欧元一种，从欧洲货币单位的提出到欧元的正式实施，前后历经了20多年。在欧洲货币一体化过程中，参与者付出了巨大的努力和耐心，几经波折，即使是今天仍时时有人声称欧元区面临着解体的危险，可见超主权货币的建立绝非一蹴而就。而以国际货币基金组织为平台的特别提款权(SDRs)方案，虽然能够保证货币发行独立于任何一个国家的经济状况和利益，保持币值长期基本稳定，并可以通过制定严格的发行制度和标准保证供给的有序以及根据需求变化进行灵活调整，但是作为发行特别提款权(SDRs)的主体，国际货币基金组织目前仍然牢牢地掌握在以美国为代表的西方国家手中，这些既得利益者们显然不愿意让出国际货币的主导权。因此，在国际货币基金组织投票权不进行实质性改革的前提下，特别提款权(SDRs)也无法成为真正意义上的“超主权货币”。

因此，本着实事求是的态度，当前我们所要做的是：一方面要积极联合发展中国家协调一致，通过国际货币基金组织增资和投票权改革的契机，努力扩大发展中国家的话语权，推进国际货币体系改革，努力建立迈向“公平、公正、包容、有序”的国际货币新体系；另一方面就是要推进人民币的国际化，让人民币成为国际储备货币之一，形成以美元、欧元、人民币等货币为主的多元化货币体系。

人民币国际化是最终解决中国外汇储备问题的长期策略。从长远来看，人民币国际化可以获得铸币税，降低交易成本和汇率风险；同时，只有在人民币成为国际储备货币时，才能够更好地控制外汇储备的增长，增强国内经济的灵活性。因为，首先，如果人民币成为国际货币，那么其自身既是一种计价货币又是一种储备货币；其次，人民币国际化后，如果国际收支逆差需要融资时，可以通过增发货币而自我取得融资；最后，人民币国际化可以使中国在国际市场上有更强的融通资金能力，从而降低持有储备的规模，有助于内外经济均衡。更为重要的是，人民币国际化有利于中国避免因外汇储备缩水遭受巨额损失。因此，随着中国经济的崛起，采取相应的战略逐步让人民币融入到国际储备货币体系中去，打破现在美元、欧元主导下的西方世界的储备货币格局，建立多极的储备货币体系，是我们应当追求的，也是可能实现的目标。

人民币用于国际结算是人民币国际化的初级阶段。目前，中国已初步具备良好条件。中国目前对外贸易规模已相当大，边境贸易中使用人民币进行计价结算的需求日益增强。2009 年政府工作报告明确表示要开展人民币国际结算试点工作。而人民币国际结算试点的推出，无疑将提升人民币的国际地位。近期央行与周边国家和地区签署了多个双边本币互换协议，也在第一层面上推动了人民币国际化进程。签署货币互换协议的初衷是为了应对短期流动性问题，有效应对金融危机，维护金融体系稳定，但货币互换中的创新机制，如支持互换资金用于贸易融资等，则推动了国际贸易中的人民币计价与结算。此外，国务院已经通过了推进上海建设国际金融中心和航运中心的意见。随着上海各项金融功能的逐步完善，上海将可能成为区域性人民币清算中心，并推动人民币用于国际结算范围和规模的发展。这些都表明，人民币正在按照国际化的步骤逐步展开。未来笔者将就人民币国际化的步骤、实现的条件和时机以及具体模式进行深入研究，以期对从根本上解决我国外汇储备问题及对国际货币体系改革作出贡献。

另外，要想解决我国外汇储备问题，还要从转变中国的经济增长方式入手。长期以来，保持较高就业水平是我国宏观经济的重要目标之一。而要保就业，就必须保持较高比例的经济增长速度。但是在内需不足的情况下，我们只能依赖出口来拉动经济的增长（目前中国出口贸易依存度已经高达 30%），这就造成了我国外汇储备的持续增长。巨额外汇储备在给我国宏观经济造成一系列不利影响的同时，外汇储备资产还面临着“缩水”的风险。所以，调整经济增长方式和经济结构，推行增长战略的转变，刺激内需，采取比较灵活的汇率制度，及早废除对于出口和吸引外资的各种优惠政策，积极发展中国国内的商业营销网络，而不是过多地依靠出口加工贸易，中国外汇储备过剩问题和储备资产运用效益低的问题才能从根本上解决。因此，未来对经济增长方式与外汇储备之间的关系研究也将是笔者进一步关注的问题。

最后，尽管笔者广泛吸收了国内外外汇储备管理的最新研究成果，但由于时间、精力和水平所限，对我国外汇储备管理效益这一问题的研究在一些问题上还需要进行更深入的探讨。例如，在建立外汇储备适度规模时，对于保证性外汇储备需求规模的确定只做出了定性分析，还无法建立精确的模型来确定其适度规模；在确定外汇储备合理的币种结构时，由于长期以来多数国家对外汇储备币种构成数据保密，有些数据只能通过国外网站获得或借鉴其他学者的研究结果，这不免影响了数据的准确性和测算结果。下一步将要克服这两方面的缺陷，力争获取更加详细的数据和建立精确的数学模型，对我国外汇储备的规模及结构进行深入探讨。另外，面对中国外汇储备中超过适度储备量的部分，笔者想进行继续研究，重点研究利用外汇储备可能为经济增长作贡献，为国民谋福利的更多途径，以及探寻测算效用最大化的外汇储备资产结构的新方法。对于上述问题的继续思索，将是笔者今后努力的方向。

参考文献

[1]安佳．当前外汇储积累过速引致的问题及应对策略[J]．山东社会科学，2005(7)：43－45.

[2]巴曙松．国家外汇投资公司面临六大挑战[J]．中国经济周刊，2007(11)：30－31.

[3]巴曙松，刘先丰．外汇储备管理的多层次需求分析框架——挪威、新加坡的经验及其对中国的借鉴[J]．经济理论与经济管理，2007(1)：46－53.

[4]巴曙松，朱元倩．基于可加模型的外汇储备影响因素的实证分析[J]．金融研究，2007(11)：1－12.

[5]陈彪如，马之騆．国际金融学[M]．第2版．成都：西南财经大学出版社，1997.

[6]陈建国，谭戈．国际储备结构的决定：均值—方差方法[J]．广东金融，1999(8)：15－17.

[7]陈雨露，张成思．全球新型金融危机与中国外汇储备管理的战略调整[J]．国际金融研究，2008(11)：4－11.

[8]陈荣，谢平．关于我国外汇储备问题的若干观点[J]．金融研究，2007(8)：58－63.

[9]常清，李强．我国外汇储备投资的战略性目标及其实施[J]．国际经贸探索，2007(7)：72－75.

[10]陈平．新加坡外汇储备积极管理的启示[J]．大连海事大学学报(社会科学版)，2006(12)：67－70.

[11]戴根有．我国的外汇储备与通货膨胀[J]．战略与管理，1995(5)：103－106.

[12]封建强，袁林．我国外汇储备与价格波动研究[J]．经济科学，2000(6)：36－44.

[13]冯晓华．我国巨额外汇储备的运用研究——基于1997—2007年中国国际收支平衡表的分析［J］．世界经济研究，2008(12)：35－39.

[14]高丰，于永达．中国外汇储备对经济的影响及适度规模分析[J]．金融与经济，2003(6)：20－24.

[15]管于华．论我国外汇储备的适度规模：兼谈我国外汇储备资料的统计口径错位[J]．统计研究，2001(1)：12－15.

[16]胡援成．我国外汇储备适度规模的再探讨[J]．当代财经，1997(4)：36－40.

[17]黄泽民．中国外汇储备的性质与适度性问题思考[J]．华东师范大学学报，2003(11)：14－18.

[18]哈利・M・马科维兹．资产组合选择和资本市场的均值—方差分析[M]．上海：上海三联书店，上海人民出版社，1997.

[19]胡祖六．人民币灵活汇率促进全球调整[J]．财经，2004(23)：20－23.

[20]胡庆．完善我国外汇储备管理的建议[J]．西南金融，2004(4)：6－8.

[21]何帆，陈平．外汇储备的积极管理：新加坡、挪威的经验与启示[J]．国际金融研究，2006(6)：1－5.

[22]韩骏，韩继云．我国外汇储备管理与营运新论[J]．投资研究，2007(3)：39－43.

[23]黄涛，黄海南．中国外汇储备适度规模测算——基于外汇需求法的实证研究[J]．经济体制改革，2007(5)：118－121.

[24]韩宝玉．我国外汇储备管理的制度改革研究[D]．大连：东北财经大学，2007.

[25]金艳平，唐国兴．我国外汇储备币种结构探讨[J]．上海金融，1997(5)：12－14.

[26]蒋庆洋．国际外汇储备管理研究及对中国的启示[J]．上海金融，2008(3)：15－18.

[27]孔立平．外汇储备管理体系的国际比较及对我国的借鉴[J]．新金融，2006(9)：30－32.

[28]刘莉亚，任若恩．我国外汇储备适度规模的测算与分析[J]．财贸经济，2004(5)：19－21.

[29]刘斌．人民币自由兑换的外汇储备要求[J]．财经研究，2000(11)：5－7.

[30]刘志雄．中国外汇储备币种结构的构建[J]．广西财经学院学报，2006(2)：73－77.

[31]刘凌云．中国外汇储备适度规模区间和货币结构研究[D]．上海：上海社会科学院，2008.

[32]李江华，杨能良．IMF外汇储备管理指南对我国的启示[J]．上海金

融，2003(8)：38－41.

[33]李静．美元贬值背景下我国外汇储备最优结构分析[D]．北京：对外经贸大学，2007.

[34]刘云，杨国效，杨雨．国家外汇储备的多元化与资产优化配置研究述评[J]．预测，2008(1)：1－10.

[35]陆俊龙．外汇储备基础尚弱危机中需合理配置资产[N]．北京商报，2008－11－24(4).

[36]李豫川，陈刚．揭秘全球最大主权财富基金[N]．中国证券报，2008－03－15(All).

[37]刘崇献，徐枫．三种外汇储备使用方案的利弊[J]．经济导刊，2007(4)：46－49.

[38]刘凌云．中国外汇储备适度规模区间和货币结构研究[D]．上海：上海社会科学院，2008.

[39]李扬，余维彬，曾刚．经济全球化背景下的中国外汇储备管理体制改革[J]．国际金融研究，2007(4)：4－12.

[40]马杰，任若恩，沈沛龙．外汇储备结构调整的非线性规划数学模型[J]．信息与控制，2001(4)：352－355.

[41]牛凯．新人民币汇率制度下我国外汇储备结构合理性研究[D]．南京：南京理工大学，2006.

[42]宁钟，王宇．中国养老基金的投资监管模式与OECD国家的比较研究[J]．社会保障制度，2008(2)：10－12.

[43]欧阳觅剑．明确中投公司的投资战略[N]．21世纪经济报道，2007－10－26(3).

[44]彭妮．达沃斯论坛激辩主权财富基金[N]．证券时报，2008－01－25(A04).

[45]蒲艳萍，向军秀．中国通货膨胀率与外汇储备变动关系的实证检验[J]．统计与决策，2008(7)：19－21.

[46]宋铁波，陈建国．当前我国外汇储备币种组合分析[J]．南方金融，2001(4)：11－13.

[47]孙涛．外汇储备、紧缩性货币政策与货币危机[J]．国际金融研究，2000(4)：25－30.

[48]滕昕，戴志辉，李树民．外汇储备汇率风险化解的投资组合分析[J]．商业时代，2006，(25)：72－73.

[49]覃道爱，卢孔标．外汇储备过剩与储备资产管理的收益目标：国际趋势及其对中国的启示[J]．西南金融，2008(9)：49－51.

[50]滕昕．中国外汇储备的适度性研究[D]．西安：西北大学，2007.

[51]唐双宁．美元、人民币和世界货币[N]．金融时报，2008－12－16(5)．

[52]武剑．我国外汇储备规模的分析与界定[J]．经济研究，1998(6)：15－20．

[53]吴丽华．我国适度外汇储备量的模型与外汇储备的管理[J]．厦门大学学报，1997(4)：5－8．

[54]魏晓琴，尤元宝．对阿格沃尔模型的改进及运用[J]．世界经济研究，2004(8)：32－36．

[55]王国林．我国对外储备适度状况定量分析[J]．对外开放，2001(5)：27－30．

[56]吴晓灵．中国外汇管理[M]．北京：中国金融出版社，2001．

[57]王传纶，阎先东．外汇储备与通货膨胀：中央银行的对冲可行性分析[J]．财贸经济，1998(3)：3－11．

[58]王元龙．对我国外汇储备问题的若干思考[J]．中国金融，2004(23)：29－30．

[59]吴念鲁．重新认识我国外汇储备的管理与经营[J]．金融研究，2007(7)：10－14．

[60]王凌云．外汇储备币种结构管理：基本理论、国际经验及对中国的启示[J]．经济社会体制比较，2007(3)：72－76．

[61]王蔚棋．IMF：主权财富基金风险堪忧[N]．第一财经日报，2007－06－28(B02)．

[62]王群琳．中国外汇储备适度规模实证分析[J]．国际金融研究，2008(9)：35－38．

[63]吴念鲁．重新认识我国外汇储备的管理与经营[J]．金融研究，2007(7)：1－9．

[64]王珍．我国外汇储备增长与物价波动的理论分析与实证分析[J]．统计研究，2006(7)：4－5．

[65]王红夏．中国外汇储备适度规模与结构研究[D]．北京：对外经济贸易大学，2003．

[66]王珍．中国外汇储备管理研究[D]．西安：西安交通大学，2006．

[67]许承明．中国的外汇储备问题[M]．北京：中国统计出版社，2003．

[68]夏斌，廖强．中国货币政策传导机制分析[J]．中国货币市场，2004(6)：45－49．

[69]奚君羊．国际储备研究[M]．上海：上海财经大学出版社，1998．

[70]徐明东．全球外汇储备激增及管理策略的国际比较[J]．国际贸易问题，2007(5)：113－116．

[71]易江，李楚霖．外汇储备最优组合的方法[J]．预测，1997(2)：57－60．

[72]谢宝友．我国外汇储备适度性研究[D]．苏州：苏州大学，2005(4)．

[73]杨胜刚，谭卓．基于层次分析法的外汇储备货币结构管理研究[J]．财经理论与实践，2007(5)：2—7．

[74]杨胜刚，龙张红，陈珂．基于双基准与多风险制度下的中国外汇储备币种结构配置研究 [J]．国际金融研究，2008(12)：49—56．

[75]于小喆．关于我国外汇储备规模与货币政策的研究 [D]．大连：东北财经大学，2005．

[76] 张明，何帆．美元贬值背景下外汇储备的结构调整 [J]．外汇管理，2006(20)：63—64．

[77]朱淑珍．中国外汇储备的投资组合风险与收益分析[J]．上海金融，2002(7)：26—28．

[78]朱箴元．关于外汇储备货币结构的几个问题[J]．金融教学与研究，2000(3)：50—52．

[79]张文政，许婕颖．试论我国外汇储备币种结构[J]．商场现代化，2005(11)：360—361．

[80]者贵昌．中国国际储备的分析与研究[J]．国际金融研究，2005(3)：16—20．

[81]张艳，杨子英．我国国际收支与外汇储备的可持续增长[J]．金融论坛，2002(5)：15—19．

[82]郑秉文．建立主权养老基金应对"中国威胁论"[N]．中国证券报，2008—02—19(4)．

[83]张旭东，王宇．美元资产是中国外汇储备投资的重要组成部分[N]．中国证券报，2007—08—13(2)．

[84]朱孟楠，王雯．外汇储备投资：亚洲新兴市场国家的比较与借鉴[J]．金融理论与实践，2008(6)：32—37．

[85]张长全，蒋少华，陈洋林．我国高额外汇储备影响研究[J]．经济理论与经济管理，2008(8)：45—50．

[86] 张明，何帆．美元贬值背景下外汇储备的结构调整[J]．中国金融，2006(20)：63—64．

[87]张海波，郭玲．借鉴国外经验优化我国外汇投资公司模式[J]．财经科学，2007(10)：111—117．

[88] 张明．主权财富基金与中投公司[J]．经济社会体制比较，2008(3)．

[89]朱孟楠，陈晞．次贷危机后的中国外汇储备管理策略[J]．上海金融，2009(1)：73—75．

[90]郑海青．东亚外汇储备库的收益：理论和实证分析[J]．国际金融研究，2008(5)：13—16．

[91]赵庆明．我国外汇储备增长根源及治理研究[J]. 国际金融研究，2007(8)：73—79.

[92]郑建明，桑百川．我国外汇储备过多的风险及管理对策[J]. 国际贸易问题，2007(11)：109—115.

[93]朱孟楠，喻海燕．中国外汇储备有效管理与现实选择[J]. 财经理论与实践，2007(5)：20—26.

[94] Ben-Bassat A. The Optimal Composition of Foreign Exchange Reserves[J]. Journal of International Economics，1980(10)：15—21.

[95]Bilson John F O，Frenkel Jacob A. International Reserves and the Dynamics of Adjustment[M]. Unpublished manuscript. University of Chicago，1978.

[96]Carbaugh R J. International Economics[M]. Cincinnati，Ohio：International Thompson，1995.

[97]Cushman D O. A portfolio balance approach to the Canadian-U. S exchange rate [J]. Review of Financial Economics，2007，16(3)：305—320.

[98]Dooley M P. An Analysis of the Management of the Currency Composition of Reserve Assets and External Liabilities of Developing Countries [J]. The Reconstruction of International Monetary Arrangements，1981 (262)：158—181.

[99]Michael P，Dooley J，Saul Lizondo，et al. The Currency Composition of Foreign Exchange Reserves[R]. IMF，Staff Papers，1989，36(2)：385—434.

[100]Eichengreen B. Sterling's Past，Dollar's Future：Historical Perspectives on Reserve Currency Competition[R]. NBER Working Paper No. 11336，2005，May.

[101]Eichengreen B，Mathieson D. The currency composition of foreign exchange reserves retrospect and prospect [R]. Working Paper，International Monetary Fund，2000 (3).

[102]Frenkel J A. The Demand for International Reserve by Developed and Less Developed Countries[J]. Economica，New Series，1971，41 (2)：14—24.

[103]Heller H R. Optimal International reserves [J]. The Economic Journal，1966(76)：296—311.

[104] Heller H R，Knight M. Reserve-Currency Preferences of Central Banks[C]. Essays in International Finance No. 131，Princeton University，1978.

[105] Iyoha M A. The Demand for Internaitonal Reserves in Less Dece-loped Countries：A Distribution Lag Specification [J]. Review of Economics and Statistics，1976(58)：351—355.

[106]IMF. Guidelines for Foreign Exchange Reserves Management: Accompanying Document and Case Studies, 2003.

[107]Lane P R, Burke D. The empirics of foreign reserves[J]. Open Economics Review, 2001, 12(4): 423—434.

[108]Morgan J P. Risk Metrics technical document [M]. 4th ed New York: New York Morgan Guaranty Trust Company, 1996.

[109]Mina I, Ulmer A. Delta-Gamma four ways [R]. Working Paper, J. P. Morgan Reuters, 1999.

[110]Papaioannou E, Portes R, Siourounis G. Optimal Currency Shares in International Reserves: The impact of the Euro and the Prospect for the Dollar[R]. NBER Working Paper No. 12333, 2006, June.

[111]Roger S. The Management of Foreign Exchange Reserves[C]. BIS Economic Papers, No. 38, 1993.

[112]Rockinger M, Jondeau E. Conditional dependency of financial series: an application of copulas[M]. Group HEC Department Finance Economics and Banquede Francc Economic Study and Research Division, 2001.

[113]Sebastian E. The demand for international reserves and monetary equilibrium: Some evidence from developing countries[C]. NBER working paper No. 1307, 1981.

[114]Sebastian E. The demand for international reserves and exchange rate adjustment, the case of LDCs, 1964—1972[J]. Economica, New Series, 1983(50): 269—280.

[115]Srichander R. Reserve Currency Allocation: An Alternative Methodology[R]. BIS Working Paper No. 72, 1999.

[116]Tobin J. The interest elasticity of transactions demand for cash [J]. Review of Economics and Statistics, 1956(38): 241—270.

后 记

本书的出版首先要感谢辽宁省教育厅高校科技专著出版基金的资助。本书是在我的博士论文基础上修改、扩充完成的。回顾这么多年的读书历程，为自己的努力感到欣慰的同时，更对周围支持我、鼓励我的良师益友以及家人充满感激。

本书的完成，得益于我的导师孙刚教授。孙老师对我的学业倾注了大量的心血，从本书的选题、结构安排到观点论证，都得到了孙老师悉心的指导。孙老师渊博的知识、深厚的经济学功底是我一生追寻的财富；导师为人宽宏、治学严谨的作风将对我产生终身的影响。在这里，任何感激的话语都难以言尽对导师的敬意与感激之情，唯有日后继续认真做事、善良做人才能不愧于导师的谆谆教导。

还要感谢东北财经大学金融学院的艾洪德教授、林继肯教授、邢天才教授、张贵乐教授、王振山教授、王志强教授和史永东教授的指导，能亲耳聆听他们授课，既增添了学识又感受到了大师们的风范。感激之情难以言表，浩荡师恩永记于心。感谢师姐路妍教授和师妹刘璐在我撰写论文期间给予的帮助。感谢文章所引用参考文献的作者和相关领域的研究学者，本书是建立在他们的研究基础之上的。感谢北京师范大学出版社对本书出版给予的大力支持，才使本书得以及早面世。

最后，我要特别感谢关心和鼓励我的亲人们，他们一直以来对我无微不至的关爱、鼓励与包容是我前进的强大动力。在本书的写作过程中，我的爱人朱志国先生给我收集了大量的资料并为我做了很多技术支持工作。我的父母、公婆帮我操持家务，照顾女儿，为我免去了后顾之忧。我的爱女妙妙，她虽然只有四岁，但是很懂事，为了完成论文，我错过了很多陪她一起成长的时光，作为母亲我深深自责，希望今后能够补偿。

在我求学和写作的路上，还得到许许多多老师、同学、同事和朋友们的帮助，虽不再一一列出名字，但我将永远铭记在心。

孔立平

2012 年 1 月于东北财经大学智圆楼